# 入門現代簿記

## 第2版

鈴木基史／森口毅彦／廣橋祥［著］
SUZUKI Motofumi　MORIGUCHI Takehiko　HIROHASHI Sho

中央経済社

# 第２版の刊行にあたって

日商簿記検定３級の出題範囲が大きく変更されたことを受けて，このたび本書を改訂するに至った。たとえば，出題の前提が個人商店から小規模の株式会社に変更されたことを踏まえて，純資産および税金に関する内容を大きく改めた。また，クレジットカードによる商品販売の処理，消費税に関する処理，電子的に記録された債権・債務に関する処理などの新論点を加えたほか，必要な箇所を改めた。

簿記の学習は，会計実務の理解にとどまることなく，現代社会における企業活動の理解を深めるうえで有意義である。財務諸表の基本的な作成技術を身につけることができれば，財務諸表を読み解くことにも役立ち，企業分析を行ううえでも有益である。こうした簿記の学習意義は，AI（人工知能）が台頭する時代であっても，決して失われることはない。

今後改訂される予定の『入門現代簿記ワークブック』とあわせて，本書を簿記の学習に活用していただければ幸いである。

今般の改訂にあたっては，小坂井和重専務をはじめとする中央経済社の皆様に大変お世話になった。ここに記して心より感謝を申し上げる。

2020年９月

著者を代表して　鈴木　基史

# はしがき

本書は，簿記をはじめて学習する人たちを対象とした入門テキストである。簿記とは，「企業活動の結果とその発生原因を，貨幣金額によって記録・計算し，財務諸表によって報告する技術」である。

今日，ますます多様化・複雑化する企業活動について理解を深めるためには，企業が提供する財務諸表についての理解が不可欠となっており，その作成技術としての簿記を学ぶ意義は大きいものといえよう。

したがって，これから社会に出てビジネスの現場で活躍する高校生や大学生などの学生たちにとって，また，これからキャリアアップを目指すビジネスパーソンたちにとっても簿記を学ぶことは有用であり，その意義も大きくなっている。

本書はそうした幅広い人たちの簿記学習の最初のステップとしてのニーズに応えるものである。

本書が扱う内容は，日商簿記検定の３級の範囲であり，簿記についての最低限の知識・処理手続きの習得を目的としている。

本書では上記のような幅広い人たちの入門テキストとして役立つよう，簿記の基礎から段階的に学習を進め，基本的な体系を網羅的に学習できるよう企図されている。

簿記の学習においては，学習者が実際に問題に取り組んでみることが理解の早道となるため，本書では豊富な例題とその解説をとおして各処理手続きの理解を深めるよう工夫している。

また，諸取引の処理方法の解説において，どうしてそのような処理手続きが必要なのか，その理由・考え方についてもできる限り平易に解説を加えた。単なる暗記ではなく，処理手続きの基本原理についての理解に基づく記帳ができるようになるよう配慮している。

なお，本書では，貸倒引当金の設定などの決算整理事項を，各章における諸取引の説明の中で解説している。それは，期中取引と決算整理事項を一貫して説明したいためである。第16章の決算(2)において，決算整理事項のまとめをしているので，各章における説明と対照して学習することでより理解が深まるような構成になっている。

最後に，本書の出版に際して，中央経済社会計編集部の福谷早苗氏には企画段階から大変お世話になった。本書が完成をみることができたのはひとえに同氏の支えがあったからに他ならない。ここに記して心より謝意を表するとともに御礼申し上げる次第である。

2012年12月

鈴木　基史
森口　毅彦

# 目　　次

# 第1章 複式簿記の目的と基礎概念

学習のポイント

① 簿記の意義とその目的を学ぶ。
② 資産・負債・純資産（資本）・収益・費用の５つの要素の意味を学ぶ。
③ 貸借対照表と損益計算書の構造と期間損益の計算について学ぶ。

## 1．簿記の目的と種類

簿記は，貨幣金額によって，企業活動の結果とその発生原因を記録・計算・報告をする技術である。企業は，利益の獲得を目的として仕入・販売・代金の支払い・受取り・貸付け・借入れなどさまざまな経営活動を行っている。簿記は，こうした経営活動の結果を貨幣額により帳簿に記録し，それを財務諸表によって報告する技術といえる。

その簿記の目的には，①**財産管理**と②**損益計算**という，大別して２つの目的がある。

① 財産管理

企業の経営活動の結果により，企業の現金や商品などの財貨や売掛金などの債権に変動が生じ，また買掛金や未払金などの債務にも変動が生じる。それらの状況を正確に把握し，企業の経営管理に役立てようとするものが，簿記の財産管理であり，簿記の原初的な目的ともいわれている。

② 損益計算

商業活動を営む企業であれば，日々の販売・仕入活動などに伴って商品の売上高などの収益と，それを獲得するに要した仕入原価，従業員の給料・水道光熱費などの経費が生じる。それらを把握して，一定期間に経営成績がどのくらいであったのかを利益または損失によって明示する必要がある。これが損益計算である。

このように，簿記は，企業がその内部における管理活動に利用するという目的のために，重要な役割を果たしている。

しかし，企業は，顧客に対する商品・製品・サービスの提供といった役割や，雇用の創出，税金の支払いなど，社会的にも重要な役割をもって存在している。そのことから，企業の利害関係者に対して，自らの企業の経営成績や財政状態について情報提供することが必要となる。したがって簿記は，**損益計算書・貸借対照表**といった**財務諸表**を作成・報告をするための基礎的資料の作成・集計というもう１つの目的を持っている。

以上の目的をみたし，企業活動のすべてを一定のルールに従って記録・計算・集計する技術が必要となり，それを合理的に行えるシステムが**複式簿記**である。今日，簿記といえばこの複式簿記を意味するほど帳簿記入の基本的前提となる技術になっている。

複式簿記については，企業会計原則の一般原則の２に「正規の簿記の原則」の規定が設けられており，これに従って会計帳簿を作成することが求められている。「正規の簿記」であるための要件として，一般に次の３つが指摘されている。

① 記録の網羅性：記録の対象となるすべての取引がもれなく記録されること。

② 記録の立証性：帳簿への記入は，取引事実を証明できる証憑に基づいてなされること。

③ 記録の秩序性：一定のルールに従って記録がなされ，原初記録から最終的な財務諸表の作成まで体系的に関連性をもつ方法で記録すること。

複式簿記に対するものとして，債権・債務や現金などの財産の一部について，その増減変化だけを特別なルールによらず，備忘的に記録する単式簿記がある。しかし，単式簿記では，上述の目的を十分にみたすことができない。そこで，企業活動においては，一定のルールに従って記録・計算・集計する体系的な計算技術としての複式簿記が当然に求められることになる。

## 2．簿記の要素

### (1)　資産・負債・純資産

企業が経営活動を行うために所有している現金・商品・備品（机・いす・パソコンなど）・土地・建物などの財貨と，売掛金★や貸付金などの債権を**資産**という。資産とは，企業が収益を獲得するために実際に運用している経済資源を，その具体的な存在形態の面からとらえたものである。

また，企業には，買掛金★★や借入金などの債務があり，これが，**負債**といわれるものである。負債は，将来において現金などの資産の引渡しやサービスの提供をしなければならない義務とみることができる。

資産（積極財産ともいう）の総額から負債（消極財産ともいう）の総額を差し引いた額が，**純資産（資本）**と呼ばれている。純資産（資本）は，企業活動の原資である元本とその増加部分（利益）をいう。これらの関係は，次の**純資産（資本）等式**と呼ばれる等式で示すことができる。

**資産－負債＝純資産（資本）**

**★売掛金とは？**
商品を掛けで販売して代金を後日受け取るもの。くわしくは第７章で学習する。
**★★買掛金とは？**
商品を掛けで仕入れて代金を後日支払うもの。くわしくは第７章で学習する。

**例題１－１**

Ａ商店の令和×年４月１日現在の資産・負債は，次のとおりである。

| | | |
|---|---|---|
| 現金 ¥5,000 | 売掛金¥4,000 | 商品 ¥6,000 |
| 建物¥10,000 | 買掛金¥6,000 | 借入金¥9,000 |

(1)　資産の合計金額を求めなさい。
(2)　負債の合計金額を求めなさい。
(3)　純資産（資本）の金額を求めなさい。

**解　答**

(1)　¥25,000

(2)　¥15,000

(3)　¥10,000

**解　説**

(1)　A商店の資産は，現金・売掛金・商品・建物であり，したがって資産の合計金額は，それらの合計金額となる。

資産の合計金額＝¥5,000＋¥4,000＋¥6,000＋¥10,000
＝¥25,000

(2)　A商店の負債は，買掛金と借入金であり，負債の合計金額は，その合計金額になる。

負債の合計金額＝¥6,000＋¥9,000
＝¥15,000

(3)　A商店の資本を資本等式で表せば，次のようになる。

¥25,000（資産の合計金額）－¥15,000（負債の合計金額）＝¥10,000（純資産（資本）の金額）

## (2)　貸借対照表

前述の純資産（資本）等式の左辺にある負債を右辺に移項すると，次の等式が成り立つ。

**資産＝負債＋純資産（資本）**

この等式は，**貸借対照表等式**と呼ばれる。この等式をもとに，一定時点の資産と負債，それから算出される純資産を1つの表にしたものが，**貸借対照表**(Balance sheet; B/S) である。貸借対照表は，会計期間の始め（期首）および終わり（期末）に作成され，企業の財政状態を把握し，表示するのに役立つものである。

貸借対照表

| | |
|---|---|
| 資　産 | 負　債 |
| | 純資産 |

また，貸借対照表は，企業資金の2つの面をとらえて財政状態を示している。左側（簿記では**借方**という）の資産は，資産の説明の際に触れたように，企業資金の「具体的な存在形態」ないし「具体的な運用形態」である。また右側（簿記では**貸方**という）の負債・純資産は，存在形態としての資産が，どのように調達されたかという「資金の調達源泉」を示すものである。したがって右辺と左辺の金額は，当然一致することになる。

企業は，継続的に経営活動を行っているので，その財政状態は当然のこととして日々変化している。ある取引が資産と負債，あるいは資産と純資産（資本）の両方に増減変化をもたらすものであった場合には，借方・貸方の合計金額に変化を生じさせる（資産項目間または負債項目間の増減変化の場合は合計金額の変化はない）が，純資産の額には変化が生じない。しかし，原価¥500の商品を売価¥800で販売するという取引がなされた場合は，企業は，¥300の価値創出をすることになる。この場合，売価とその原価の差額は，資産・負債・純資産の項目ではないので，結果的に純資産の増加をもたらすことになる。

このように，純資産の額に変動があり，期首の時点と期末の時点で純資産の額に増減変化があった場合，その差額は，**当期純損益**（**当期純利益**または**当期純損失**）となる。

**例題1-2**

例題1-1の資料に基づいて貸借対照表を作成しなさい。

**解　答**

貸借対照表

A商店　　　　　　令和×年4月1日

| 資　　産 | 金　　額 | 負債および純資産 | 金　　額 |
|---|---|---|---|
| 現　　　金 | 5,000 | 買　掛　金 | 6,000 |
| 売　掛　金 | 4,000 | 借　入　金 | 9,000 |
| 商　　　品 | 6,000 | 資　本　金 | 10,000 |
| 建　　　物 | 10,000 | | |
| | 25,000 | | 25,000 |

**解　説**

A商店の資本等式の左辺の負債を右辺に移項し，貸借対照表等式に変形する。

資産の合計金額￥25,000＝負債の合計金額￥15,000＋純資産の金額￥10,000

貸借対照表の借方には資産，貸方には負債と純資産の各項目とその合計金額を表示する。貸借対照表は，企業の財政状態を示す一覧表であるから，本問題の場合は，令和×年4月1日の財政状態を示すこととなる。

資産の合計金額と負債・純資産の合計金額は，貸借対照表等式が成立しているため，一致することはいうまでもない。

### (3)　収益・費用

前述したように，期首と期末の時点での純資産の額を比較することによって純利益を算定することができる。しかし，この方法では，どのような原因で純利益が生じたかは明らかにすることはできない。そこでそれを生じさせる発生原因を明示することが重要となる。

経営活動により，価値の創出をもたらし，当期純利益を生じさせるプラスの要素を**収益**という。収益は，具体的には，商品の売買益・受取利息・受取手数料などであり，資産の増加あるいは負債の減少をもたらし，結果として純資産の増加をもたらす原因となるものである。

また，営業活動において価値の費消をもたらし，当期純利益を減少させるマイナスの要素を**費用**という。具体的な費用項目は，給料・支払利息・広告宣伝費などであり，資産の減少あるいは負債の増加をもたらし，結果として純資産の減少をもたらす原因となるものである。

**当期純利益（当期純損失）**は，一会計期間の収益から費用を差し引くことにより計算でき，その関係は次の算式で示すことができる。

**収益－費用＝当期純利益（マイナスは当期純損失）**

### 例題１－３

Ａ商店が令和×年４月１日から令和×年４月30日の間での１カ月間に次のような営業活動を行った。その取引の結果，Ａ商店の資産・負債・純資産（資本）がどのように増減変化するか，以下に示す表に金額を入れなさい。また，令和×年４月30日の時点での貸借対照表を作成しなさい。

４月３日　商品￥1,000を仕入れ，代金は掛けとした。
５日　借入金￥2,000を現金で返済した。
９日　原価￥2,500の商品を売価￥4,000で販売し，代金は掛けとした。
11日　売掛金￥3,000を現金で回収した。
16日　買掛金￥2,000を現金で支払った。
20日　業務用の机￥1,500を購入し，代金は現金で支払った。
25日　従業員に給料￥500を現金で支払った。
30日　旅費交通費￥300を現金で支払った。

| | | 資産 | | | | | 負債 | | 純資産 |
|---|---|---|---|---|---|---|---|---|---|
| | | 現金 | 売掛金 | 商品 | 備品 | 建物 | 買掛金 | 借入金 | 資本金 |
| 4 | 1 | 5,000 | 4,000 | 6,000 | | 10,000 | 6,000 | 9,000 | 10,000 |
| | 3 | | | | | | | | |
| | 5 | | | | | | | | |
| | 9 | | | | | | | | |
| | 11 | | | | | | | | |
| | 16 | | | | | | | | |
| | 20 | | | | | | | | |
| | 25 | | | | | | | | |
| | 30 | | | | | | | | |
| 残高 | | | | | | | | | |

## 解答

| | | 資産 | | | | | 負債 | | 純資産 |
|---|---|---|---|---|---|---|---|---|---|
| | | 現　金 | 売掛金 | 商　品 | 備　品 | 建　物 | 買掛金 | 借入金 | 資本金 |
| 4 | 1 | 5,000 | 4,000 | 6,000 | | 10,000 | 6,000 | 9,000 | 10,000 |
| | 3 | | | +1,000 | | | +1,000 | | |
| | 5 | −2,000 | | | | | | −2,000 | |
| | 9 | | +4,000 | −2,500 | | | | | +1,500 |
| | 11 | +3,000 | −3,000 | | | | | | |
| | 16 | −2,000 | | | | | −2,000 | | |
| | 20 | −1,500 | | | +1,500 | | | | |
| | 25 | −500 | | | | | | | −500 |
| | 30 | −300 | | | | | | | −300 |
| 残　高 | | 1,700 | 5,000 | 4,500 | 1,500 | 10,000 | 5,000 | 7,000 | 10,700 |

貸借対照表

A 商店　　　　　　令和×年 4 月30日

| 資　　産 | 金　　額 | 負債および純資産 | 金　　額 |
|---|---|---|---|
| 現　　金 | 1,700 | 買　掛　金 | 5,000 |
| 売　掛　金 | 5,000 | 借　入　金 | 7,000 |
| 商　　品 | 4,500 | 資　本　金 | 10,000 |
| 備　　品 | 1,500 | 当期純利益 | 700 |
| 建　　物 | 10,000 | | |
| | 22,700 | | 22,700 |

## 解説

本問は，貸借対照表等式の左辺と右辺の合計額に影響を与えない取引（**交換取引**という）と，費用・収益の発生や消滅が伴う取引（**損益取引**という），これらの両取引が同時におきる取引（**混合取引**という）が，どのように財産状態に影響を与えるかをみる問題である（これら取引については，第 2 章でくわしく学習する）。

9 日・25日・30日の取引は，交換取引ではなく，損益取引と混合取引である。

したがって，資産の増加または負債の減少によって純資産（資本）の増加原因となる収益と，資産の減少または負債の増加によって純資産（資本）の減少原因となる費用が，その取引の中に含まれることになる。

4月3日　商品は資産であるから，商品の仕入れは資産の増加となる。同時に代金は掛けにしているから，買掛金という負債の増加になる。

5日　借入金の返済は，借入金という負債の減少になると同時に，現金による返済であるので，その分だけ現金という資産が減少することになる。

9日　商品の販売という取引では，資産である商品の減少が生じる。また，この販売取引では，売掛金という資産の増加が生じることになる。しかし，この取引では商品・売掛金の増減だけではなく，販売によって企業にプラス1,500の価値の創出（**商品売買益**）が生じ，資産の増加をもたらすことになる。これが結果として，純資産（資本）を増加させる原因となる。よって，これは混合取引である。

11日　売掛金の回収は，現金という資産の増加と，売掛金という資産の減少になる。

16日　買掛金の返済は，買掛金という負債の減少と，現金という資産の減少になる。

20日　備品（業務用の机）の購入は，備品という資産の増加と，それに伴って支払われた現金という資産の減少が生じている。

25日　給料を現金で支払うという損益取引である。この場合は，現金の減少が生じたが，それに対応する資産や負債の増減がないので，結果として純資産（資本）を減少させることになる。

30日　旅費交通費を現金で支払うという損益取引で，25日の取引と同様に，現金の減少に対応する資産や負債の増減がなく，結果として純資産（資本）を減少させる。

### (4)　損益計算書

企業の一定期間の収益と費用の額をもとに，その経営成績を表す当期純利益（当期純損失）を明示するために作成する計算書を**損益計算書**（**Profit and Loss Statement; P/L, Income Statement; I/S**）という。損益計算書は，企業資本のプラスの原因となる収益と，マイナスの原因となる費用を１つの表の形式で示すものであり，一定期間の企業の経営成績という重要な情報を報告する財務諸表といえる。当期純利益が算定されることを前提とすると，損益計算書は，次のような**損益計算書等式**に基づいて作成される。

**費用＋当期純利益＝収益**

**例題 1－4**

例題１－３の資料により，Ａ商店の令和×年４月１日から令和×年４月30日の間の経営成績を示す損益計算書を作成しなさい。

**解　答**

損益計算書

A商店　令和×年４月１日から令和×年４月30日まで

| 費　用 | 金　額 | 収　益 | 金　額 |
|---|---|---|---|
| 給　料 | 500 | 商品売買益 | 1,500 |
| 交通費 | 300 | | |
| **当期純利益** | **700** | | |
| | 1,500 | | 1,500 |

**解　説**

収益の合計額より費用の合計額の方が大きい場合，当期純損失が算出されるが，その場合，当期純損失は貸方に表示される。貸借対照表の場合と同様に，損益計算書には企業名と会計期間が記載される。

## 3．複式簿記の計算原理

### (1)　期間損益計算の方法：財産法と損益法

期間損益（当期純利益または当期純損失）は，期首と期末の純資産（資本）を比較すること，また収益と費用を比較することによっても算定できる。すなわち期間損益計算の方法には，**財産法**と**損益法**の２つがある。

期首と期末の純資産（資本）を比較することによって，つまり貸借対照表の項目の増減変化から期間損益を計算する方法を財産法という。これを計算式で表現すると次のようになる。

期末純資産（資本）－期首純資産（資本）＝当期純損益

この方法によって損益を計算するにあたり，期中における出資者による純資産（資本）の増加（増資）や減少（減資）があった場合には，それらを損益の計算から除外しなければならない。これを上記の計算式に反映させると次のようになる。

期末純資産－（期首純資産＋増資額－減資額）＝当期純損益

財産法による当期純損益の計算は，期首と期末の貸借対照表の比較，つまり２時点の財産状態の比較による損益計算である。したがって前述したように当期純損益がどのような原因によって発生したのかを説明することができないという欠点がある。

財産法に対して，損益計算書において収益と費用を比較することによって当期純損益を計算する方法を損益法という。

期間収益－期間費用＝当期純損益

この方法によると財産法では知ることができない，当期純損益の生じた原因を分析することが可能となる。

### ⑵　貸借対照表と損益計算書との関係

期間損益の計算方法について述べてきたが，次に損益計算書と貸借対照表の関係，つまり，それぞれの財務諸表の構成要素である，資産・負債・純資産（資本）・収益・費用の関連性について説明する。

財産法・損益法どちらの方法によっても，期間損益を算定することができ，しかもその額は一致する。このことは，損益計算書と貸借対照表の５つの構成要素が有機的関連性をもっていることを意味している。

財産法と損益法どちらの方法によっても当期純利益が一致することから，次の等式が成り立つ。

**期末純資産（資本）－期首純資産（資本）＝収益－費用**

５つの要素の関係をみるために，左辺を変形させてみると，次のようになる。

**（期末資産－期末負債）－期首純資産＝収益－費用**

期中に増資や減資がないかぎり，期末純資産と期首純資産の差額が当該期間の純利益（損失）として算定される。したがって，当期純利益は純資産（資本）の増加分であり，当期純損失はその減少分である。このことを，損益計算書の構成要素である収益と費用という面からみるならば，純資産（資本）の増加分または減少分は，企業の経営活動による価値の創出ないし流入の原因となった収益と，価値の費消ないし流出の原因となった費用の差額に等しくなる。この関係を図示すれば次のようになる。

**期首**

貸借対照表

| | |
|---|---|
| 期首資産 | 期首負債<br><br>期首純資産 |
| 借方合計 | 貸方合計 |

**期末**

貸借対照表

| | |
|---|---|
| 期末資産 | 期末負債<br>期首純資産<br>当期純利益 |
| 借方合計 | 貸方合計 |

**損益計算書**

| | |
|---|---|
| 期間費用<br><br>**当期純利益** | 期間収益 |
| 借方合計 | 貸方合計 |

損益計算書は，一定期間の経営活動の状況について，当期純損益に影響を与えるプラスの原因である収益とマイナスの原因である費用を借方・貸方にそれぞれ表示し，当期純利益が算出される。期末の貸借対照表には，当期純利益を期首純資産の増加分として，つまり，期首純資産に当期純利益を加算した額として期末純資産が示される。

また，くわしくは次章で説明するが，当期純利益が両計算書によって一致して算定されているならば，期末の資産と期間費用という貸借対照表と損益計算書の借方の構成要素の合計額と，期末の負債と期首純資産（資本）を加算した額と期間収益の合計額は，必ず一致する。これは，試算表の仕組みを示しており，次のような**試算表等式**として表すことができる。

**期末資産＋費用＝期末負債＋期末純資産＋収益**

上式における期末純資産とは，期中の増資額や減資額を調整した後の純資産（資本）をいい，それらがなければ期首純資産（資本）と同額となることに注意しなければならない。

### 例題１－５

Ｂ商店は令和×１年４月１日に現金￥200,000の出資を受けて開業した。１年間の経営活動の結果，次のような決算の結果となった。次の①～④に適当な金額を記入しなさい。

| 期末資産 | 期末負債 | 期首純資産 | 期末純資産 | 収　益 | 費　　用 | 当期純利益 |
|---|---|---|---|---|---|---|
| 500,000 | ① | ② | ③ | ④ | 650,000 | 150,000 |

### 解　答

①　150,000　　②　200,000　　③　350,000　　④　800,000

### 解　説

現金￥200,000の出資を受けて開業したということは，その額が，企業の原資たる元本を示す期首純資産（資本金）②の額となる。

収益の額を算出するために，損益法による期間損益の計算式に，表の中の関連する金額をあてはめてみると次のようになる。

収益④－費用￥650,000＝当期純利益￥150,000

したがって収益の額は，費用￥650,000に当期純利益￥150,000を加算して算出できる。

期末純資産の額を算出するために，財産法の期間損益の計算式に，表の中の関連する金額をあてはめてみると次のようになる。

期末純資産③－期首純資産②￥200,000＝当期純利益￥150,000

したがって，期末純資産の額は，期首純資産￥200,000に当期純利益￥150,000を加算して算出される。

期末負債は，貸借対照表等式または資本等式に表の中の関連する金額をあてはめてみると次のようになる。

期末資産￥500,000＝期末負債①＋期末純資産￥350,000

したがって，期末負債は，期末資産￥500,000から期末資本￥350,000を控除して算出できる。

また，期首と期末の貸借対照表と損益計算書を作成し，表にすでに記載している金額をあてはめてみよう（期首純資産である資本金は，計算するまでもないので，その金額を最初から入れておく）。貸借対照表と損益計算書の関係が理解できていると，簡単に金額を入れることができる。

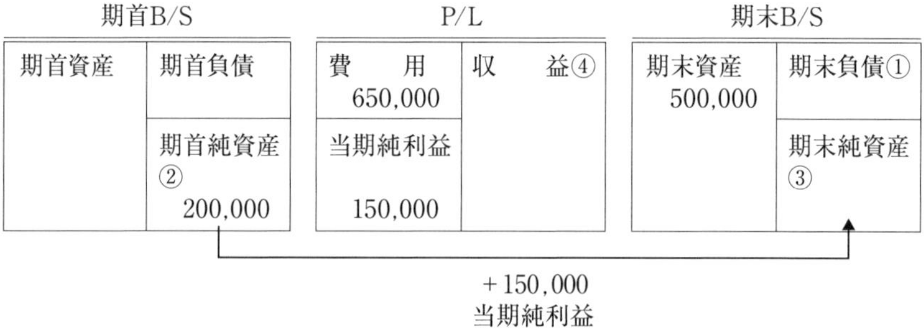

# 第2章 取引の意義と種類

**学習のポイント**

① 簿記において記録の対象となる取引について学ぶ。
② 簿記の要素の結合関係で取引を把握することを学ぶ。

## 1. 簿記上の取引

簿記において記録される対象は，**取引**である。簿記における取引とは，資産・負債・純資産（資本）を増減させる事象をいう。たとえば，パソコンを現金で購入した場合は，現金の減少やパソコンの取得という事象が生じたため取引が発生したということになる。このことは，一般に使用される取引という言葉で理解できるものである。しかし，簿記上の取引は，社会一般で取引という言葉でとらえられているものとは異なっているものもある。たとえば，火災・盗難・災害により企業の財産が減少したときに，一般には取引とはいわないが，簿記上では取引という。また，土地や建物の賃貸借契約を結んだときに，一般では取引というが，簿記では，契約を結んだだけでは取引とはいわない。簿記上の取引と一般にいう取引の関係を図示すると次のようになる。

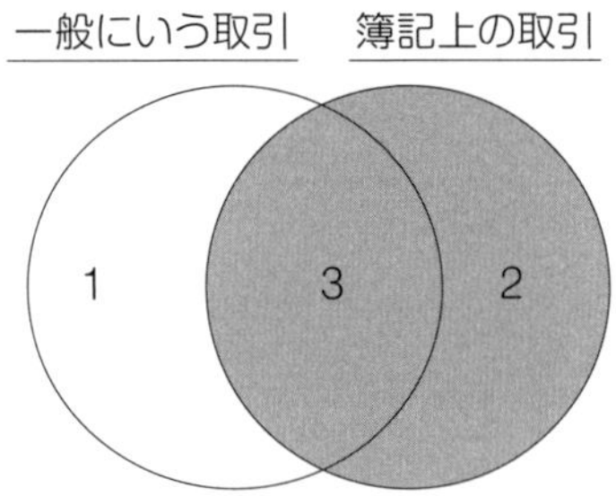


1：土地・建物賃貸借契約など（一般にいう取引のみ該当する）
2：火災・盗難・災害などによる財産の減少など（簿記上の取引のみ該当する）
3：日常用語としても簿記上においても取引というもの

**例題 2－1**

次のうち簿記上の取引となるものをあげなさい。

(1) 現金￥100,000を出資して営業を開始した。

(2) 商品￥5,000の注文を受けた。

(3) 本月分の給料￥50,000を現金で支払った。

(4) 商品￥6,000を仕入れ，代金は現金で支払った。

(5) 営業で使用する土地を月額￥10,000で借りる契約をした。

**解　答**

(1)，(3)，(4)

## 2．取引の分類

取引は，収益・費用を生じさせる取引か，それらを生じさせないかにより分類ができる。前章で説明をしたように，収益・費用を生じさせる取引は，**損益取引**という。たとえば，貸付金の利息を受け取る，給料を支払うなどの取引は，損益取引にあたる。

これに対し，収益・費用を生じさせず，たとえば，ある資産から他の資産への転換にみられるような（貸借対照表の項目間において増減が生じる取引）取引を，**交換取引**という。経営活動で使用する目的で車を購入した，現金を借り入れたという取引は，これにあたる。

また，交換取引と損益取引が混在する取引で，記録する際に両者を分離できない取引を**混合取引**という。たとえば，借入金を利息とともに返済するという取引は，混合取引といわれる。

**例題２－２**

次の取引について，交換取引，損益取引，混合取引のどれにあたるか答えなさい。

⑴　銀行から現金￥200,000を借り入れた。

⑵　営業で使用するパソコンを現金￥70,000で購入した。

⑶　従業員に給料￥30,000を現金で支払った。

⑷　借入金￥100,000を返済するために利息￥100とともに現金で支払った。

⑸　手数料￥2,000を現金で受け取った。

**解　答**

⑴交換取引　⑵交換取引　⑶損益取引　⑷混合取引　⑸損益取引

**解　説**

⑴　資産（現金）の増加と，負債（借入金）の増加をもたらす取引である。

⑵　資産（備品）の増加と，資産（現金）の減少をもたらす取引である。

⑶　費用（給料）の発生と，資産（現金）の減少をもたらす取引である。

⑷　負債（借入金）の減少および費用（支払利息）の発生と，資産（現金）の減少をもたらす取引である。

⑸　資産（現金）の増加と，収益（受取手数料）の発生をもたらす取引である。

## 3．取引要素の結合関係

取引は，上記のように貸借対照表の要素である資産・負債・純資産（資本），損益計算書の要素である収益・費用の相互間の要素の関係に基づいて結びついている。これを**取引要素の結合関係**という。

複式簿記では，取引を借方（左側）と貸方（右側）の2面で記録する。したがって，借方要素の1つ以上と，貸方要素の1つ以上が組み合わされて取引が表されることになる。これを**取引の二重性**という。この取引の結合関係を示せば以下のようになる。

**取引要素の結合関係**

| 借方要素 | | 貸方要素 | |
|---|---|---|---|
| 資産の増加 | (+) | 資産の減少 | (−) |
| 負債の減少 | (−) | 負債の増加 | (+) |
| 純資産（資本）の減少 | (−) | 純資産（資本）の増加 | (+) |
| 費用の発生 | (+) | 収益の発生 | (+) |

**例題2－3**

次の取引は，どのような要素の結合関係から成り立っているか，例のように示しなさい。

例：　現金￥100,000を得意先に貸し付けた。

解答：資産の増加（貸付金）—資産の減少（現金）

(1) 現金￥200,000の出資を受けて営業を開始した。

(2) 銀行から現金￥60,000を借り入れた。

(3) 給料￥20,000を現金で支払った。

(4) 原価￥2,000の商品を￥3,000で販売し，代金は現金で受け取った。

**解　答**

(1) 資産の増加（現金）—純資産（資本）の増加（資本金）

(2) 資産の増加（現金）—負債の増加（借入金）

(3) 費用の発生（給料）—資産の減少（現金）

(4) 資産の増加（現金）—資産の減少（商品）
　　　　　　　　　　　 ＼収益の発生（商品売買益）

# 第3章 勘定と仕訳

学習のポイント

① 簿記上の記録の単位となる勘定の内容と種類，勘定への取引の記入方法を学ぶ。
② 取引の記録手段である仕訳についてその手順を学ぶ。
③ 仕訳から総勘定元帳への転記について学ぶ。

## 1．勘定の意義と分類

前章で説明したように，簿記で記録される対象は取引であり，財産管理・損益計算という目的を達成するため，それを取引要素の結合関係に基づいて記録する。つまり，現金，借入金，給料など，資産・負債・純資産（資本）・費用・収益の5つの要素のそれぞれについて，詳細な記録・計算をすることになる。この記録・計算の単位を**勘定**（account; a/c）といい，勘定に付けられた名称を**勘定科目**という。勘定科目は，原則として5つの要素のいずれかに属することとなり，主なものを示せば以下のとおりとなる。

| | | |
|---|---|---|
| 貸借対照表の勘定 | 資　　産 | 現金・売掛金・商品・備品・建物など |
| | 負　　債 | 買掛金・借入金など |
| | 純資産(資本) | 資本金・繰越利益剰余金など |
| 損益計算書の勘定 | 収　　益 | 商品売買益・受取利息など |
| | 費　　用 | 給料・広告費・通信費・支払利息など |

取引を記録・計算するために，帳簿に勘定科目ごとの記載欄を設けて記録す

る。簿記では，これを**勘定口座**という。勘定口座の形式には，標準式と残高式がある。一般に簿記の学習上では標準式を簡略化した次のような「**Tフォーム**」が用いられ，本書でもこれを用いる。

| (借方) | 勘定科目 | (貸方) |
|---|---|---|

## 2．勘定記録の方法

取引が生じた際には，次のようなルールに従って勘定に記録される。つまり，それぞれの取引要素の借方または貸方のいずれに記入するかが決まり，勘定記入がなされることになる。

① 資産の勘定：増加は借方に，減少は貸方に記入

② 負債・純資産（資本）の勘定：増加は貸方に，減少は借方に記入

③ 収益の勘定：発生は貸方に，その取消しは借方に記入

④ 費用の勘定：発生は借方に，その取消しは貸方に記入

上記の勘定記入のルールをＴフォームに示すと次のようになる。

資産の勘定

| 借方 | 貸方 |
|---|---|
| 増　加 | 減　少 |

負債の勘定

| 借方 | 貸方 |
|---|---|
| 減　少 | 増　加 |

純資産（資本）の勘定

| 借方 | 貸方 |
|---|---|
| 減　少 | 増　加 |

費用の勘定

| 借方 | 貸方 |
|---|---|
| 発　生 | 取　消 |

収益の勘定

| 借方 | 貸方 |
|---|---|
| 取　消 | 発　生 |

このルールに従って，取引を各勘定口座に記入していく。そこで，発生した取引を，原因と結果すなわち借方の要素と貸方の要素にわけて，勘定科目とその金額を明示しなければならない。これを**取引の分解**という。その場合，当然のことであるが，１つの取引が借方または貸方のみに記入されるということは

ありえない。

### 例題 3－1

次の取引を，現金・商品・借入金・資本金勘定に分解しなさい。なお，勘定への記入は，日付と金額のみでよい。

4/1　現金￥100,000の出資を受けて営業を開始した。

4/6　銀行から営業資金として現金￥50,000を借り入れた。

4/7　商品￥20,000を現金で仕入れた。

| 現　金 | 1 |
|---|---|
| | |

| 商　品 | 2 |
|---|---|
| | |

| 借入金 | 3 |
|---|---|
| | |

| 資本金 | 4 |
|---|---|
| | |

### 解　答

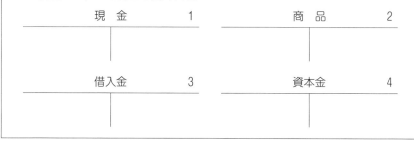

| 現　金 | 1 |
|---|---|
| 4/1　100,000 | 4/7　20,000 |
| 4/6　50,000 | |

| 商　品 | 2 |
|---|---|
| 4/7　20,000 | |

| 借入金 | 3 |
|---|---|
| | 4/6　50,000 |

| 資本金 | 4 |
|---|---|
| | 4/1　100,000 |

### 解　説

4/1の取引は，出資を受けて開業するという取引である。現金の入金があり，その入金の原因は株主からの出資という取引である。したがってこの取引は，借方の要素である資産（現金）の増加と，貸方の要素である純資産（資本）の増加とに分解できる。

4/6の取引は，銀行からの資金の借入れに関する取引である。この取引は，借方の要素である資産（現金）の増加と，貸方の要素である負債（借入金）の増加とに分解できる。

4/7の取引は，商品の仕入取引である。この取引は，借方の要素である資産（商品）の増加と，貸方の要素である資産（現金）の減少とに分解できる。

一会計期間の取引がこれら３つであると仮定して，それを勘定口座に記入することにより，資産・負債・純資産（資本）の状態が把握できる。ここで勘定による記録・計算の仕組みを現金に関してのみみてみよう。

4/1から4/7までの間の取引において，4/7現在の現金の残高はどのように計算されるか，簿記的な考え方を無視すると，次のような思考により計算ができる。

株主からの出資による収入￥100,000＋借入収入￥50,000

－商品仕入による支出￥20,000＝4/7現在の現金残高￥130,000

ここで上記の「現金」の勘定をみると，収入である￥100,000，￥50,000は借方側に示され，支出である￥20,000は貸方に示されている。収入すなわち現金の増加は借方側，支出すなわち現金の減少は貸方でそれぞれ合計し，その差額により現在の残高が計算できる。

まず資産の増加である「借方」を合計し，資産の減少である「貸方」の合計をして，それらの差額を求めることで現在の残高を計算する（負債・純資産（資本）はその逆）という，「加算的減算方式」が成立していることになる。借方・貸方という２つの面で取引を把握する，簿記の計算技術的な特殊性から導き出される計算の特徴であるといえる。

## 3．仕訳と勘定記入

### (1) 仕　　訳

複式簿記では，取引が発生・確定すると，それを記録するために借方の要素と貸方の要素に分解することは前章で説明した。**仕訳**とは，取引を借方の要素と貸方の要素に分解して，それぞれについて勘定科目とその金額を決定する手続きをいう。また仕訳は，取引の必要な要素である勘定科目と金額を記入するもので，取引を文章で記録するのではなく，一覧でその取引の内容が理解できるものである。仕訳は以下の過程によって行われる。

① 取引を要素に分解する。

② 取引の要素を借方と貸方に分類する。

③ 取引を表す具体的な勘定科目を選択し，金額を決定する。

前節の例題3-1の取引を仕訳してみよう。

4/1の取引は，現金¥100,000の出資を受けて営業を開始したというものであり，これを借方と貸方のそれぞれの要素に分解し，仕訳により示すと次のようになる。

| | | | | | |
|---|---|---|---|---|---|
| （借） | 現　　　　　金<br>（資産の増加） | 100,000 | （貸） | 資　　本　　金<br>（純資産（資本）の増加） | 100,000 |

4/6の取引は，現金の増加（資産の増加）と借入金の増加（負債の増加）に分解できるので，次のような仕訳ができる。

| | | | | | |
|---|---|---|---|---|---|
| （借） | 現　　　　　金 | 50,000 | （貸） | 借　　入　　金 | 50,000 |

4/7の取引は，商品の増加（資産の増加）と現金の減少（資産の減少）に分解できるので，次のような仕訳ができる。

| | | | | | |
|---|---|---|---|---|---|
| （借） | 商　　　　　品 | 20,000 | （貸） | 現　　　　　金 | 20,000 |

このように，仕訳は，前述した勘定記録のルールと，これも前述した取引要素の結合関係に基づいて，取引の内容を表す勘定科目と金額を借方と貸方に記入する技術であり，簿記の重要な手続きである。上記の取引例では，1つの取引で借方と貸方の両方に1つの勘定科目しかない。このような取引を**単純取引**という。借方・貸方のどちらかまたは両方に複数の勘定科目が存在するものは，**複合取引**と呼ばれる。

### ⑵ 転　　記

取引が生じると，まず最初に仕訳することになる。したがって，仕訳は，取引の発生順つまり歴史的な記録であるといえる。次に，仕訳の結果として把握された資産・負債・純資産（資本）・収益・費用の各勘定科目の増減を，勘定口座に書き移すことになる。この手続きを**転記**という。転記は，仕訳で借方に記入した科目と金額を，同じ名称の勘定口座の借方に記入し，同様に仕訳で貸方に記入した勘定科目と金額を，同じ名称の勘定口座の貸方に記入するものである。例題3－1の4/1の取引を勘定口座に転記すると次のようになる。

＜仕訳＞

4/1（借）現　　金　100,000（貸）資　本　金　100,000

＜勘定口座への転記＞

| 現　　金 | |
|---|---|
| 4/1 資本金100,000 | |

| 資　本　金 | |
|---|---|
| | 4/1　現金100,000 |

このように，勘定への転記は，仕訳の内容つまりどの勘定を借方・貸方のどちらに記入したかということをそのまま忠実に書き移す作業である。

## 4．仕訳帳と総勘定元帳

これまで仕訳と元帳への転記について説明してきたが，本来は，取引が生じた順に**仕訳帳**という帳簿に記入され，その次にすべての勘定口座が設けられている帳簿である**総勘定元帳**（単に，元帳ともいう）に転記されることになる。

仕訳帳の摘要欄は，勘定科目と取引の内容を簡単に記入する欄である。簡単な説明を「**小書き**」といい，借方の勘定科目を左に，貸方の勘定科目を右にカッコをつけて記入する。複合取引の場合には，勘定科目の上に「**諸口**」と記入する。元丁欄の元丁とは，元帳丁数の略で，勘定口座に転記する際にその勘定口座のページ数を記入するものである。転記が行われたときにこれを書くので，転記の確認と参照に役立つことになる。

仕　訳　帳

| 日　付 | | 摘　　　　要 | 元丁 | 借　方 | 貸　方 |
|---|---|---|---|---|---|
| | | | | | |

総勘定元帳は，転記がなされるすべての勘定口座が設けられている帳簿のことである。この元帳は，仕訳帳が取引の発生順に記録する帳簿なのに対し，勘定口座ごとの増減額の合計および残高を把握することを目的とした帳簿である。

総勘定元帳の種類は，標準式と残高式があるが，本書では標準式で説明する。

総勘定元帳の摘要欄は，仕訳の相手勘定を記入する。相手勘定が複数あるときは，「諸口」と書く。また，**仕丁欄**とは，仕訳帳丁数の意味で，仕訳が記入されている仕訳帳のページ数を記入する欄である。先の仕訳帳の元丁欄と照合して，転記の正確性を検証することができる。

総勘定元帳

○　　○

| 日 | 付 | 摘　要 | 仕丁 | 借　方 | 日 | 付 | 摘　要 | 仕丁 | 貸　方 |
|---|---|---|---|---|---|---|---|---|---|
| | | | | | | | | | |

先の取引例を用いて，仕訳帳と，標準式の総勘定元帳を示す。

仕　訳　帳　　1

| 日 | 付 | 摘　要 | 元丁 | 借　方 | 貸　方 |
|---|---|---|---|---|---|
| 4 | 1 | （現　金） | 1 | 100,000 | |
| | | （資 本 金） | 4 | | 100,000 |
| | | 開　業 | | | |
| | 6 | （現　金） | 1 | 50,000 | |
| | | （借 入 金） | 3 | | 50,000 |
| | | 銀行からの借入れ | | | |
| | 7 | （商　品） | 2 | 20,000 | |
| | | （現　金） | 1 | | 20,000 |
| | | 商品の仕入れ | | | |

総勘定元帳

現　金　　1

| 日 | 付 | 摘　要 | 仕丁 | 借　方 | 日 | 付 | 摘　要 | 仕丁 | 貸　方 |
|---|---|---|---|---|---|---|---|---|---|
| 4 | 1 | 資本金 | 1 | 100,000 | 4 | 7 | 商　品 | 1 | 20,000 |
| | 6 | 借入金 | 〃 | 50,000 | | | | | |

商　品　　2

| 日 | 付 | 摘　要 | 仕丁 | 借　方 | 日 | 付 | 摘　要 | 仕丁 | 貸　方 |
|---|---|---|---|---|---|---|---|---|---|
| 4 | 7 | 現　金 | 1 | 20,000 | | | | | |

借　入　金　　3

| 日 | 付 | 摘　要 | 仕丁 | 借　方 | 日 | 付 | 摘　要 | 仕丁 | 貸　方 |
|---|---|---|---|---|---|---|---|---|---|
| | | | | | 4 | 6 | 現　金 | 1 | 50,000 |

資　本　金　　4

| 日 | 付 | 摘　要 | 仕丁 | 借　方 | 日 | 付 | 摘　要 | 仕丁 | 貸　方 |
|---|---|---|---|---|---|---|---|---|---|
| | | | | | 4 | 1 | 現　金 | 1 | 100,000 |

## 例題 3－2

次の取引を仕訳帳に記入しなさい。

7/ 3　銀行から現金￥300,000を借り入れた。

7/ 5　パソコン￥100,000と机￥30,000を現金で購入した。

7/12　利息￥2,000と電話代￥6,000を現金で支払った。

7/16　手数料￥5,000を現金で受け取った。

## 解　答

仕　訳　帳

| 日 | 付 | 摘　要 | 元丁 | 借　方 | 貸　方 |
|---|---|---|---|---|---|
| 7 | 3 | （現　　金） | | 300,000 | |
| | | 　　　　（借　入　金） | | | 300,000 |
| | | 銀行からの借入 | | | |
| | 5 | （備　　品） | | 130,000 | |
| | | 　　　　（現　　金） | | | 130,000 |
| | | パソコン，机を現金で購入 | | | |
| | 12 | 諸　　口　　（現　　金） | | | 8,000 |
| | | （支 払 利 息） | | 2,000 | |
| | | （通　信　費） | | 6,000 | |
| | | 利息，通信費を現金で支払う | | | |

| | | | | |
|---|---|---|---|---|
| 16 | (現　　　金)<br>　　　　　　　　(受取手数料)<br>手数料を現金で受け取る | | 5,000 | <br>5,000 |

**解　説**

仕訳の貸借の合計金額は一致する。諸口は，借方，貸方の相手勘定が2つ以上ある場合に用いるものである。

**例題3－3**

次の取引を仕訳帳に記入し，元帳に転記しなさい。

9/ 1　現金￥300,000の出資を受け，営業を開始した。
9/ 5　商品￥8,000を仕入れ，代金は現金で支払った。
9/ 9　原価￥2,000の商品を￥2,500で販売し，代金は現金で受け取った。
9/16　広告宣伝費￥5,000を現金で支払った。
9/20　銀行から現金￥150,000を借り入れた。
9/25　家賃￥3,000を現金で受け取った。
9/30　利息￥500を現金で支払った。

**解　答**

仕　訳　帳

| 日 | 付 | 摘　　要 | 元丁 | 借　方 | 貸　方 |
|---|---|---|---|---|---|
| 9 | 1 | (現　　　金) | 1 | 300,000 | |
| | | 　　　　　　　　(資　本　金) | 4 | | 300,000 |
| | | 出資を受けて開業 | | | |
| | 5 | (商　　　品) | 2 | 8,000 | |
| | | 　　　　　　　　(現　　　金) | 1 | | 8,000 |
| | | 商品を現金で仕入れ | | | |
| | 9 | (現　　　金)　　　諸　　　口 | 1 | 2,500 | |
| | | 　　　　　　　　(商　　　品) | 2 | | 2,000 |
| | | 　　　　　　　　(商品売買益) | 7 | | 500 |
| | | 現金で商品を売上 | | | |

| | | | | |
|---|---|---|---|---|
| 16 | (広告宣伝費) | 5 | 5,000 | |
| | (現　　金) | 1 | | 5,000 |
| | 広告宣伝費を現金で支払う | | | |
| 20 | (現　　金) | 1 | 150,000 | |
| | (借 入 金) | 3 | | 150,000 |
| | 銀行から借入 | | | |
| 25 | (現　　金) | 1 | 3,000 | |
| | (受取家賃) | 8 | | 3,000 |
| | 家賃を現金で受け取った。 | | | |
| 30 | (支払利息) | 6 | 500 | |
| | (現　　金) | 1 | | 500 |
| | 利息を現金で支払った。 | | | |

総勘定元帳

現　　金　　1

| 日 | 付 | 摘要 | 仕丁 | 借方 | 日 | 付 | 摘要 | 仕丁 | 貸方 |
|---|---|---|---|---|---|---|---|---|---|
| 9 | 1 | 資本金 | 1 | 300,000 | 9 | 5 | 商　品 | 1 | 8,000 |
| | 9 | 諸　口 | 〃 | 2,500 | | 16 | 広告宣伝費 | 〃 | 5,000 |
| | 20 | 借入金 | 〃 | 150,000 | | 30 | 支払利息 | 〃 | 500 |
| | 25 | 受取家賃 | 〃 | 3,000 | | | | | |

商　　品　　2

| 日 | 付 | 摘要 | 仕丁 | 借方 | 日 | 付 | 摘要 | 仕丁 | 貸方 |
|---|---|---|---|---|---|---|---|---|---|
| 9 | 5 | 現　金 | 1 | 8,000 | 9 | 9 | 現　金 | 1 | 2,000 |

借　入　金　　3

| 日 | 付 | 摘要 | 仕丁 | 借方 | 日 | 付 | 摘要 | 仕丁 | 貸方 |
|---|---|---|---|---|---|---|---|---|---|
| | | | | | 9 | 20 | 現　金 | 1 | 150,000 |

資　本　金　4

| 日 | 付 | 摘　要 | 仕丁 | 借　方 | 日 | 付 | 摘　要 | 仕丁 | 貸　方 |
|---|---|---|---|---|---|---|---|---|---|
| | | | | | 9 | 1 | 現　　金 | 1 | 300,000 |

広告宣伝費　5

| 日 | 付 | 摘　要 | 仕丁 | 借　方 | 日 | 付 | 摘　要 | 仕丁 | 貸　方 |
|---|---|---|---|---|---|---|---|---|---|
| 9 | 16 | 現　　金 | 1 | 5,000 | | | | | |

支 払 利 息　6

| 日 | 付 | 摘　要 | 仕丁 | 借　方 | 日 | 付 | 摘　要 | 仕丁 | 貸　方 |
|---|---|---|---|---|---|---|---|---|---|
| 9 | 30 | 現　　金 | 1 | 500 | | | | | |

商品売買益　7

| 日 | 付 | 摘　要 | 仕丁 | 借　方 | 日 | 付 | 摘　要 | 仕丁 | 貸　方 |
|---|---|---|---|---|---|---|---|---|---|
| | | | | | 9 | 9 | 現　　金 | 1 | 500 |

受 取 家 賃　8

| 日 | 付 | 摘　要 | 仕丁 | 借　方 | 日 | 付 | 摘　要 | 仕丁 | 貸　方 |
|---|---|---|---|---|---|---|---|---|---|
| | | | | | 9 | 25 | 現　　金 | 1 | 3,000 |

**解　説**

仕訳帳から元帳に転記する際に，仕訳帳には転記先の勘定の番号を元丁欄に記入し，元帳の仕丁欄には転記した仕訳の仕訳帳のページ数を記入する。

# 第4章

# 決　算(1)

学習のポイント

① 決算とは何かを学ぶ。
② 決算の手順（決算予備手続き，決算本手続き，財務諸表の作成）を学ぶ。
③ 決算振替仕訳について学ぶ。
④ 財務諸表の作成手続きと精算表の構造と作成手続きを学ぶ。

## 1．決算の意味とその手続き

企業会計では，通常1年を**会計期間**として区切って，当該期間にどれほどの利益（損失）が生じたかを，その期間に発生した収益と費用を比較して損益計算書を作成することによって表示する。そして，その経営活動の結果として，財政状態がどのようになっているかを，期末の資産・負債・純資産の額，つまり貸借対照表を作成することによって表示する。そのための帳簿についての最終的・総括的な手続きを**決算手続き**という。

**決算**は，各帳簿の整理や締切りを行い，当期に帰属する金額と次期以降に帰属する金額とに区別するという目的をもって行われるものである。企業会計では，決算を行う日を**決算日**または**貸借対照表日**といい，決算日の翌日から次の決算日までを**会計期間**という。

決算は，次のような手順で実施される。

| (1)決算予備手続き | | (2)決算本手続き | | (3)財務諸表の作成 |
|---|---|---|---|---|
| 試算表の作成<br>棚卸表の作成<br>（決算整理） | ⇒ | 総勘定元帳の締切り<br>仕訳帳の締切り<br>繰越試算表の作成 | ⇒ | 損益計算書の作成<br>貸借対照表の作成 |

## 2．決算予備手続きと試算表

**決算予備手続き**は，次に行われる本手続きの予備的段階で，その内容は，主に次の2つから構成されている。

⑴　勘定口座の借方・貸方に記入されている金額に誤りがないかどうかを確かめるために試算表を作成する。

⑵　棚卸表を作成し，記録の修正をする。

決算日時点における勘定残高は，それまで勘定記入が正確になされていたとしても，必ずしも網羅的に記帳されているというわけではない。盗難・紛失などによる資産の減少は，その発生時に把握できるものではないからである。これらは，実地調査などの事後的な事実調査によって把握される性質のものである。

したがって，決算に際しては，このような期中の記録の対象外となっている取引の調査をし，修正的な記録をする必要がある。この手続きを**決算整理**といい，**棚卸表**は，その決算整理のために必要とされる資料を1つの表の形式にしたものである（棚卸表については一定の形式はない）。

次に試算表について説明する。

毎日発生する取引は，仕訳帳に記入され，これが総勘定元帳の各勘定口座に転記される。こうした手続きをもとにして最終的に決算を行い，財務諸表を作成することになる。したがって，各勘定口座への記録に誤りがあれば，正しい財務諸表の作成はできないことになる。そこで，記録・計算が正確であるかどうかを検証することが必要となってくる。決算の第1段階として，その正確性を検証するために作られるのが**試算表**である。

複式簿記では，個々の取引について，仕訳をすることにより，借方の勘定科目の金額と貸方の勘定科目の金額は必ず等しくなる。こうした記録内容を転記により各勘定口座へ転記したのであるから，各勘定口座の借方の合計金額と貸方の合計金額は，常に一致することになる。このことを**貸借平均の原理**といい，試算表は複式簿記のこうした原理に基づいて作成されるものである。

### (1) 試算表の種類

試算表の種類には**合計試算表**，**残高試算表**，および**合計残高試算表**の３種類がある。

#### ① 合計試算表

各勘定口座の借方および貸方のそれぞれの合計金額を１つの表に集めたものである。合計試算表の借方と貸方のそれぞれの合計金額は，一致しなければならないし，仕訳帳の借方，貸方のそれぞれの合計金額とも一致するはずである。一致していない場合は，転記漏れなどの原因が考えられる。このように合計試算表は，記録および転記の正確性を検証するうえで利点がある。

#### ② 残高試算表

各勘定口座の借方残高または貸方残高を１つの表にまとめたものである。残高試算表によって，期末の各勘定口座の残高を把握することができる。

#### ③ 合計残高試算表

合計試算表と残高試算表を１つの表にまとめたものである。合計残高試算表は，両者の長所を取り入れたものといえる。

### (2) 試算表の役割と特徴

複式簿記は，貸借を複記し，各勘定口座に転記するので，正確に転記がなされているならば，試算表の借方・貸方の合計金額は一致するはずである。一致していない場合には，どこかに誤りがあるので，それを調査し，訂正しなければならない。その手続きは，次のとおりである。

① 試算表の借方および貸方の合計金額の検算
② 元帳から試算表への転記の際の誤記入，転記漏れの確認
③ 各勘定口座の合計額および残高の検算
④ 仕訳帳から元帳への転記の誤りおよび転記漏れの確認

このようにして各勘定口座への記録の誤りを検証するわけであるが，試算表

の貸借の合計金額が一致したとしても，その内容が正しいとは必ずしもいえない。つまり，次のような原因によってもたらされる誤りは，試算表によって発見することはできないことになる。

① ある取引の仕訳について貸借を反対に記入した場合

② 取引の存在があったにもかかわらず仕訳をしなかった場合

③ ある取引に関する仕訳を二重に転記した場合

このように，試算表における検証能力には限界があることを理解しておかなければならない。

**例題 4－1**

次の令和×年12月31日現在の勘定口座の記録から，合計試算表，残高試算表および合計残高試算表を作成しなさい。

| 現　金　1 | |
|---|---|
| 2,000 | 500 |
| 700 | |

| 売掛金　2 | |
|---|---|
| 900 | |

| 商　品　3 | |
|---|---|
| 800 | 500 |

| 備　品　4 | |
|---|---|
| 500 | |

| 建　物　5 | |
|---|---|
| 1,000 | |

| 買掛金　6 | |
|---|---|
| | 800 |

| 資本金　7 | |
|---|---|
| | 4,000 |

| 商品売買益　8 | |
|---|---|
| | 400 |

| 受取手数料　9 | |
|---|---|
| | 200 |

| 給　料　10 | |
|---|---|
| 300 | |

| 広告料　11 | |
|---|---|
| 100 | |

| 雑　費　12 | |
|---|---|
| 100 | |

## 解答

合計試算表
令和×年12月31日

| 借　方 | 元丁 | 勘定科目 | 貸　方 |
| --- | --- | --- | --- |
| 2,700 | 1 | 現　　　金 | 500 |
| 900 | 2 | 売　掛　金 | |
| 800 | 3 | 商　　　品 | 500 |
| 500 | 4 | 備　　　品 | |
| 1,000 | 5 | 建　　　物 | |
| | 6 | 買　掛　金 | 800 |
| | 7 | 資　本　金 | 4,000 |
| | 8 | 商品売買益 | 400 |
| | 9 | 受取手数料 | 200 |
| 300 | 10 | 給　　　料 | |
| 100 | 11 | 広　告　料 | |
| 100 | 12 | 雑　　　費 | |
| 6,400 | | | 6,400 |

残高試算表
令和×年12月31日

| 借　方 | 元丁 | 勘定科目 | 貸　方 |
| --- | --- | --- | --- |
| 2,200 | 1 | 現　　　金 | |
| 900 | 2 | 売　掛　金 | |
| 300 | 3 | 商　　　品 | |
| 500 | 4 | 備　　　品 | |
| 1,000 | 5 | 建　　　物 | |
| | 6 | 買　掛　金 | 800 |
| | 7 | 資　本　金 | 4,000 |
| | 8 | 商品売買益 | 400 |
| | 9 | 受取手数料 | 200 |
| 300 | 10 | 給　　　料 | |
| 100 | 11 | 広　告　料 | |
| 100 | 12 | 雑　　　費 | |
| 5,400 | | | 5,400 |

合計残高試算表
令和×年12月31日

| 借方 | | 元丁 | 勘定科目 | 貸方 | |
| --- | --- | --- | --- | --- | --- |
| 残　高 | 合　計 | | | 合　計 | 残　高 |
| 2,200 | 2,700 | 1 | 現　　　金 | 500 | |
| 900 | 900 | 2 | 売　掛　金 | | |
| 300 | 800 | 3 | 商　　　品 | 500 | |
| 500 | 500 | 4 | 備　　　品 | | |
| 1,000 | 1,000 | 5 | 建　　　物 | | |
| | | 6 | 買　掛　金 | 800 | 800 |
| | | 7 | 資　本　金 | 4,000 | 4,000 |
| | | 8 | 商品売買益 | 400 | 400 |
| | | 9 | 受取手数料 | 200 | 200 |
| 300 | 300 | 10 | 給　　　料 | | |
| 100 | 100 | 11 | 広　告　料 | | |
| 100 | 100 | 12 | 雑　　　費 | | |
| 5,400 | 6,400 | | | 6,400 | 5,400 |

**解　説**

試算表の作成では，上から，資産，負債，純資産（資本），収益，費用の順で勘定科目を並べることになっている。仕訳帳から総勘定元帳への転記が正確であるかをチェックすることが試算表作成の目的である。合計残高試算表では，借方・貸方の合計欄と残高欄の金額がそれぞれ一致することを確認し，仕訳帳の合計額と試算表の合計欄の金額が一致することを確認することが重要である。試算表の貸借合計金額は，その作成が貸借平均の原則に基づいているため一致することになる。

## 3．決算本手続き

試算表の作成により，総勘定元帳の正確性が検証されたのちに**決算本手続き**が行われる。決算本手続きは，決算予備手続きに従って，各勘定口座を締め切ることから実施される。

(1)　損益勘定を設けて，収益・費用に属する勘定の残高を損益勘定に振り替える。

(2)　損益勘定で算出される当期純利益または当期純損失を繰越利益剰余金勘定に振り替え，損益勘定を締め切る。

(3)　資産・負債・純資産（資本）に属する勘定の繰越し

(4)　仕訳帳と総勘定元帳を締め切る。

**例題４－２**

次の空欄（　1　）～（　5　）に適当な言葉を入れなさい。

決算予備手続きは，次に行われる本手続きの予備的段階で，各勘定口座の借方・貸方に記入されている金額に誤りがないかどうかを確かめるために（　1　）を作成し，（　2　）の作成をし，記録の修正をする。

決算本手続きは，決算予備手続きに従って，次のように実施される。

①（　3　）を設けて，収益・費用に属する勘定の残高を（　3　）に振り替える。

②（　3　）で算出される当期純利益または当期純損失を（　4　）に振り

替え，（　3　）を締め切る。
③　資産・負債・純資産（資本）に属する勘定の繰越し
④　仕訳帳と（　5　）を締め切る。

解　答

⑴　試算表　⑵　棚卸表　⑶　損益勘定　⑷　繰越利益剰余金勘定
⑸　総勘定元帳

## ⑴　損益計算書項目の締切り

### ①　収益・費用に属する勘定の損益勘定への振替え

決算本手続きの第1段階は，収益と費用に属する諸勘定の残高を締め切り，**損益勘定**に振り替えて当期純利益（損失）を計算することから始めることになる。損益勘定は，決算に際して収益・費用の諸勘定を集計するために設定された集計（集合）勘定である。この手続きによって損益勘定という1つの勘定で収益と費用を対置表示させ，その一覧的な把握が可能になる。なお，**振替え**とは，ある勘定から他のある勘定へ金額を移すことをいい，決算で行われる振替仕訳を**決算振替仕訳**という。

純損益を算出するためには次のような振替記入をする必要がある。

- 収益に属する勘定の貸方差額を損益勘定の貸方に振り替える。
- 費用に属する勘定の借方差額を損益勘定の借方に振り替える。

損益勘定への振替をするためには，次のような振替仕訳が必要となる。

| | |
|---|---|
| （借方）収益の諸勘定 | （貸方）損　　益 |
| （借方）損　　益 | （貸方）費用の諸勘定 |

商品売買益を例に損益勘定に振り替える処理を示すと次のようになる。商品売買益が￥10,000であるとすると，以下のように商品売買益勘定の貸方にあることになる。

商品売買益

| 借方 | 貸方 |
|---|---|
| 損益　10,000 | 10,000 |

損　　益

| 借方 | 貸方 |
|---|---|
| | 商品売買益10,000 |

商品売買益￥10,000を損益勘定に移すためには，貸借平均の原理を保ちなが

ら振替えという手続きをしなければならない。商品売買益勘定の貸方にある¥10,000を同勘定の借方に記入する。この処理をすることにより商品売買益勘定の残高が0になる。これにより商品売買益勘定の役割が終わることになる。次に商品売買益勘定の借方から収益の発生を表す損益勘定の貸方へ¥10,000と記入し，商品売買益を損益勘定に登場させることになる。これを振替仕訳という形式にすると以下のようになる。

（借）商品売買益　10,000（貸）損　益　10,000

次に，支払利息を例に，損益勘定に振り替える処理を示すと次のようになる。

支払利息が¥2,000あるとすると，以下のように支払利息勘定の借方にその額があることになる。

支払利息

| | |
|---|---|
| 2,000 | 損益　2,000 |

損　益

| | |
|---|---|
| 支払利息　2,000 | |

費用の勘定を損益勘定に振り替えるには，収益の場合と同様な考え方で貸借が逆になるだけである。支払利息の借方の¥2,000を損益勘定の借方に移すためには，支払利息勘定の貸方に¥2,000を記入し，費用勘定である支払利息勘定を消滅させて，損益勘定の借方に支払利息¥2,000と費用を発生させることが必要となる。この振替仕訳は以下のようになる。

（借）損　益　2,000（貸）支払利息　2,000

上記の例を損益勘定に転記すると以下のようになる。

損　益

| | |
|---|---|
| 支払利息　2,000 | 商品売買益　10,000 |

このようにして収益・費用の勘定は，それぞれの勘定を消滅させて損益勘定に転記することになる。

この振替仕訳は，勘定ごとに行わずに収益の勘定と費用の勘定ごとに一括した形式でなされる。この仕訳は仕訳帳においては，決算仕訳として行を改めて記入する。

仕訳帳

| 日付 | | 摘要 | 元丁 | 借方 | 貸方 |
|---|---|---|---|---|---|
| | | 決算仕訳 | | | |
| 12 | 31 | (損　　益) | | 2,000 | |
| | | 　　　　(支払利息) | | | 2,000 |
| | | 費用の勘定を損益勘定へ振替 | | | |
| 12 | 31 | (商品売買益) | | 10,000 | |
| | | 　　　　(損　　益) | | | 10,000 |
| | | 収益の勘定を損益勘定へ振替 | | | |

### ② 当期純利益（純損失）の繰越利益剰余金勘定への振替え

損益勘定には，借方に費用の勘定が，貸方に収益の勘定が集計され，その借方と貸方の差額の結果として当期純損益が算定されることになる。損益勘定の貸方である収益の額が借方の費用の金額を超える場合が**当期純利益**であり，その逆の場合が**当期純損失**となる。

**当期純損益**は，貸借対照表の要素でいえば，純資産の増加または減少を意味する。株式会社では，これを資本金勘定と区別して，繰越利益剰余金勘定（純資産の勘定）に振り替える。繰越利益剰余金勘定への振替仕訳を示すと以下のようになる。

当期純利益を計上した場合の振替仕訳

(借) 損　　　益　　(貸) 繰越利益剰余金

当期純損失を計上した場合の振替仕訳

(借) 繰越利益剰余金　　(貸) 損　　　益

当期純利益が¥20,000生じたとすると次のように，仕訳帳に記入することになる。

仕 訳 帳

| 日付 | | 摘要 | 元丁 | 借方 | 貸方 |
|---|---|---|---|---|---|
| 12 | 31 | (損　　益) | | 20,000 | |
| | | (繰越利益剰余金) | | | 20,000 |
| | | 純利益を繰越利益剰余金勘定へ振替 | | | |

こうした手続きにより，収益・費用の諸勘定および損益勘定は，すべて借方と貸方の合計額が一致するから，同じ行に借方・貸方の合計額を記入して締め切ることができる。

以下に費用・収益勘定の損益勘定への振替え，および純損益の繰越利益剰余金勘定への振替えを示す。

〈純利益を計上した場合〉

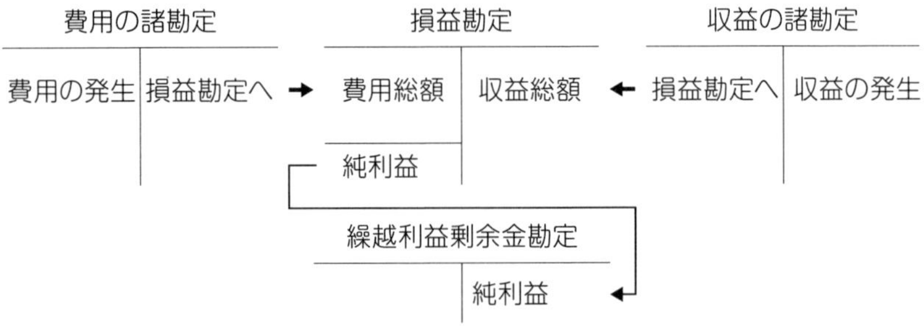


〈純損失を計上した場合〉

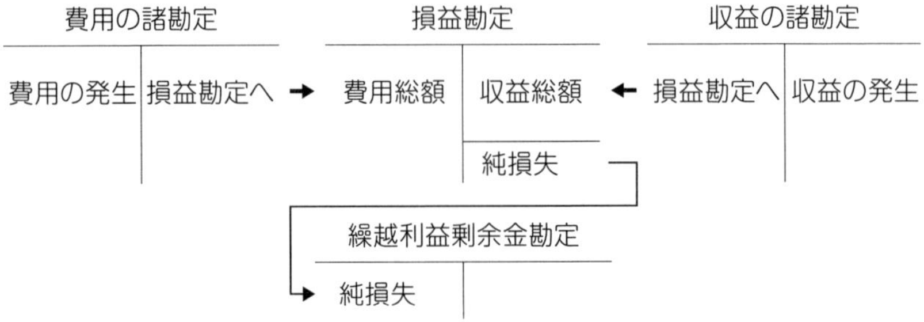

## 例題 4－3

次の令和×年12月31日現在の勘定口座の記録から，収益の勘定および費用の勘定を締め切り，損益勘定に振り替えなさい。また，純損益を繰越利益剰余金勘定に振り替えなさい。

商品売買益　8

| | |
|---|---|
| | 400 |

受取手数料　9

| | |
|---|---|
| | 200 |

給　　料　10

| | |
|---|---|
| 300 | |

広告宣伝費　11

| | |
|---|---|
| 100 | |

雑　　費　12

| | |
|---|---|
| 100 | |

## 解　答

商品売買益　8

| | | | | | |
|---|---|---|---|---|---|
| 12/31 | 損　益 | 400 | | | 400 |

受取手数料　9

| | | | | | |
|---|---|---|---|---|---|
| 12/31 | 損　益 | 200 | | | 200 |

給　　料　10

| | | | | | |
|---|---|---|---|---|---|
| | | 300 | 12/31 | 損　益 | 300 |

広告宣伝費　11

| | | | | | |
|---|---|---|---|---|---|
| | | 100 | 12/31 | 損　益 | 100 |

雑　　費　12

| | | | | | |
|---|---|---|---|---|---|
| | | 100 | 12/31 | 損　益 | 100 |

損　　益　13

| | | | | | |
|---|---|---|---|---|---|
| 12/31 | 給　料 | 300 | 12/31 | 商品売買益 | 400 |
| | 広告宣伝費 | 100 | | 受取手数料 | 200 |
| | 雑　費 | 100 | | | |
| | 繰越利益剰余金 | 100 | | | |
| | | 600 | | | 600 |

| 繰越利益剰余金 | | | | | 7 |
|---|---|---|---|---|---|
| 12/31 | 次期繰越 | 100 | 12/31 | 損益 | 100 |
| | | | 1/1 | 前期繰越 | 100 |

**解　説**

損益勘定への振替仕訳は次のようになる。

| | | | | | |
|---|---|---|---|---|---|
| （借） | 商品売買益 | 400 | （貸） | 損益 | 600 |
| | 受取手数料 | 200 | | | |
| （借） | 損益 | 500 | （貸） | 給料 | 300 |
| | | | | 広告宣伝費 | 100 |
| | | | | 雑費 | 100 |

上記の仕訳によれば，損益勘定の残高が貸方に¥100となっており，収益の総額が費用の総額よりも大きいので，当期純利益が生じたことがわかる。そこで，次のような仕訳を行うことによって，損益勘定で計算された当期純利益¥100を繰越利益剰余金勘定に振り替える。

| | | | | | |
|---|---|---|---|---|---|
| （借） | 損益 | 100 | （貸） | 繰越利益剰余金 | 100 |

なお，当期純損失が生じた場合には，この仕訳とは反対に，繰越利益剰余金勘定の借方に振り替えることになる。

**例題 4－4**

以下のA商店の令和×年12月31日の収益と費用の各勘定残高により，(1)収益と費用の各勘定を損益勘定に振り替える仕訳，(2)損益勘定で算定された当期純利益（純損失）を繰越利益剰余金勘定に振り替える仕訳と(3)損益勘定を示しなさい。

収益および費用の勘定残高

商品売買益¥70,000　受取利息 ¥5,000　給料¥40,000

広告宣伝費 ¥1,000　支払家賃¥10,000　雑費 ¥1,500

解答

| | 借方科目 | 金　額 | 貸方科目 | 金　額 |
|---|---|---|---|---|
| (1) | 商品売買益<br>受取利息 | 70,000<br>5,000 | 損　益 | 75,000 |
| | 損　益 | 52,500 | 給　料<br>広告宣伝費<br>支払家賃<br>雑　費 | 40,000<br>1,000<br>10,000<br>1,500 |
| (2) | 損　益 | 22,500 | 繰越利益剰余金 | 22,500 |

損　益

| | | | | | |
|---|---|---|---|---|---|
| 12/31 | 給　料 | 40,000 | 12/31 | 商品売買益 | 70,000 |
| 〃 | 広告宣伝費 | 1,000 | 〃 | 受取利息 | 5,000 |
| 〃 | 支払家賃 | 10,000 | | | |
| 〃 | 雑　費 | 1,500 | | | |
| 〃 | 繰越利益剰余金 | 22,500 | | | |
| | | 75,000 | | | 75,000 |

解説

帳簿上で当期純損益を計算するためには，損益勘定を設ける必要がある。(1)では，収益・費用の各勘定を損益勘定に振り替える仕訳を行う。(2)では，損益勘定で計算された当期純利益¥22,500を繰越利益剰余金勘定に振り替える仕訳を行う。

なお，これらの決算振替仕訳を損益勘定に転記する際には，「諸口」としてまとめて記入するのではなく，相手勘定科目とその金額を個別に記入する。

## (2) 貸借対照表項目の勘定の繰越しと締切り

損益勘定からの純損益の繰越利益剰余金勘定への振替が終了した後は，資産・負債・純資産（資本）に属する勘定の処理が行われる。これらの勘定は，実在勘定であるために，期末の残高は，費用・収益の処理とは異なり，締切処理に加えて**繰越し**という次期への引継ぎの処理と開始記入がなされる。

この勘定の処理の方法には，**大陸式決算法**と**英米式決算法**の２つの方法があるが，本書ではわが国で一般に行われている英米式決算法について説明をしていく。大陸式決算法は，決算に際して残高勘定を設けて，仕訳を行ったうえで残高勘定への振替えを行うものである。これに対して，英米式決算法は，決算振替仕訳を行わずに直接各勘定口座において締切り・繰越処理を行う処理方法であり，実務上において一般に用いられているものである。

英米式決算法は，資産・負債・純資産（資本）の各勘定口座について直接締切りを行う，つまり各勘定の貸借差額の少ない側の摘要欄に「**次期繰越**」と朱記（本書では太字で示す）し，金額欄にその差額を記入（繰越記入）して貸借を平均させて締め切るものである。次に決算の翌日の日付で繰越額を朱記したときと反対側に記入し，摘要欄に「**前期繰越**」と記入する。これは，**開始記入**と呼ばれるものである。

資産の勘定については，残高が借方にあるので，貸方の摘要欄に「次期繰越」と朱記し，金額欄に借方残高を記入することにより，貸借を平均させて締め切ることができる。次に決算翌日の日付で繰越額を借方に「前期繰越」と記入する。

負債および純資産（資本）の勘定は，残高が貸方にあるので，借方の摘要欄に「次期繰越」と朱記し，金額欄に貸方残高を記入することにより，貸借を平均させて締め切ることができる。次に決算翌日の日付で繰越額を貸方に「前期繰越」と記入する。

次期繰越，前期繰越の記入は，仕訳帳の仕訳を通さず直接，元帳に記入することになるので元帳仕丁欄に✓（チェックマーク）を入れなければならない。前章例題3－1の取引例の現金勘定について締切りをしてみると以下のようになる。

現　　金　　1

| 日付 | | 摘要 | 仕丁 | 借方 | 日付 | | 摘要 | 仕丁 | 貸方 |
|---|---|---|---|---|---|---|---|---|---|
| 4 | 1 | 資本金 | 1 | 100,000 | 4 | 7 | 商品 | 1 | 20,000 |
| | 6 | 借入金 | 〃 | 50,000 | **12** | **31** | **次期繰越** | ✓ | **130,000** |
| | | | | 150,000 | | | | | 150,000 |
| 1 | 1 | 前期繰越 | ✓ | 130,000 | | | | | |

英米式決算法による繰越記入は，仕訳を経ずに直接に資産・負債・純資産（資本）の各口座に決算記入をする簡便な方法であるので，記入漏れや計算の誤りがあっても仕訳帳によって繰越額の正否を発見することができないことになる。このため，各勘定口座の繰越額を集めて**繰越試算表**を作成し，その検証を可能にする。

繰越試算表
令和×年12月31日

| 借方 | 元丁 | 勘定科目 | 貸方 |
|---|---|---|---|
| ×× | | 資産の勘定 | |
| | | 負債の勘定 | ×× |
| | | 純資産の勘定 | ×× |
| ×× | | | ×× |

繰越記入は仕訳帳を用いずに行うことになるので，次の会計期間に合計試算表を作成した場合，借方と貸方の合計額と，仕訳帳の借方合計と貸方合計が前期繰越の分だけ一致しないことになる。したがって，これを一致させるために繰越試算表の合計額を次期の仕訳帳の第１行目に「**前期繰越高**」として記入し，元丁欄には✓（チェックマーク）を記入することになる（チェックマークを入れるということは，この記入から元帳に転記しないということである）。

仕訳帳

| 日 | 付 | 摘要 | 元丁 | 借方 | 貸方 |
|---|---|---|---|---|---|
| 1 | 1 | 前期繰越高 | ✓ | ×× | ×× |

英米式決算法を図示すれば以下のようになる。

締切記入（繰越試算表を作成することを前提）

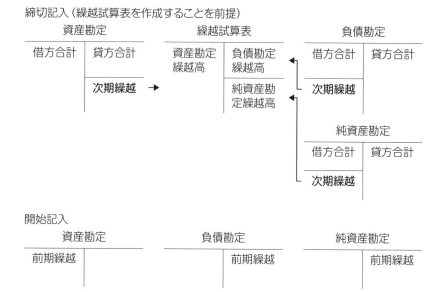

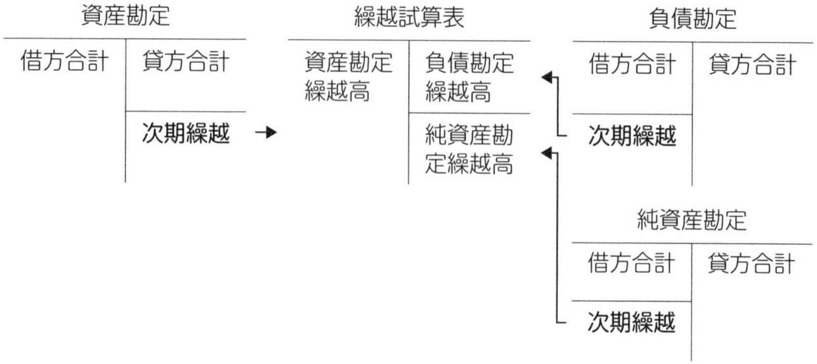


開始記入

資産勘定

| | |
|---|---|
| 前期繰越 | |

負債勘定

| | |
|---|---|
| | 前期繰越 |

純資産勘定

| | |
|---|---|
| | 前期繰越 |

**例題 4－5**

次の令和×年12月31日現在の勘定口座の記録から，資産，負債および純資産（資本）勘定について決算に必要な仕訳を示し，転記したうえで英米式決算法によって締め切り，元帳の締切りをしなさい。なお，収益と費用の勘定残高および損益勘定は，例題 4－3 にあるものをそのまま使用するため，当期純利益は￥100とする。

現　金　1

| | |
|---|---|
| 2,000 | 500 |
| 700 | |

売　掛　金　2

| | |
|---|---|
| 900 | |

商　品　3

| | |
|---|---|
| 800 | 500 |

備　品　4

| | |
|---|---|
| 500 | |

建　物　5

| | |
|---|---|
| 1,000 | |

買　掛　金　6

| | |
|---|---|
| | 800 |

資　本　金　7

| | |
|---|---|
| | 4,000 |

## 解答

現　金　1

| | | | | | |
|---|---|---|---|---|---|
| | | 2,000 | | | 500 |
| | | 700 | 12/31 | **次期繰越** | **2,200** |
| | | 2,700 | | | 2,700 |
| 1/ 1 | 前期繰越 | 2,200 | | | |

売 掛 金　2

| | | | | | |
|---|---|---|---|---|---|
| | | 900 | 12/31 | **次期繰越** | **900** |
| 1/ 1 | 前期繰越 | 900 | | | |

商　品　3

| | | | | | |
|---|---|---|---|---|---|
| | | 800 | | | 500 |
| | | | 12/31 | **次期繰越** | **300** |
| | | 800 | | | 800 |
| 1/ 1 | 前期繰越 | 300 | | | |

備　品　4

| | | | | | |
|---|---|---|---|---|---|
| | | 500 | 12/31 | **次期繰越** | **500** |
| 1/ 1 | 前期繰越 | 500 | | | |

建　物　5

| | | | | | |
|---|---|---|---|---|---|
| | | 1,000 | 12/31 | **次期繰越** | **1,000** |
| 1/ 1 | 前期繰越 | 1,000 | | | |

買 掛 金　6

| | | | | | |
|---|---|---|---|---|---|
| **12/31** | **次期繰越** | **800** | | | 800 |
| | | | 1/ 1 | 前期繰越 | 800 |

資 本 金　7

| | | | | | |
|---|---|---|---|---|---|
| **12/31** | **次期繰越** | **4,000** | | | 4,000 |
| | | | 1/ 1 | 前期繰越 | 4,000 |

繰越利益剰余金　8

| | | | | | |
|---|---|---|---|---|---|
| 12/31 | 次期繰越 | 100 | 12/31 | 損　益 | 100 |
| | | | 1/1 | 前期繰越 | 100 |

繰越試算表

令和×年12月31日

| 借　方 | 元丁 | 勘定科目 | 貸　方 |
|---|---|---|---|
| 2,200 | 1 | 現　金 | |
| 900 | 2 | 売掛金 | |
| 300 | 3 | 商　品 | |
| 500 | 4 | 備　品 | |
| 1,000 | 5 | 建　物 | |
| | 6 | 買掛金 | 800 |
| | 7 | 資本金 | 4,000 |
| | 8 | 繰越利益剰余金 | 100 |
| 4,900 | | | 4,900 |

**解　説**

資産に属する勘定では，残高が借方にあるので，貸方の摘要欄に「次期繰越」と朱記し，また金額欄に借方残高を記入して貸借を平均させて締め切る。次に決算の翌日付で繰越額を借方に「前期繰越」と記入する。負債・純資産（資本）に属する勘定については，その逆となる。

英米式決算法によると，翌期首に開始仕訳をしないので，仕訳帳の最初に繰越試算表の合計額を次のように記入する。この記入をしないと，仕訳帳の合計額と合計試算表の合計額が一致しないことになる。

仕　訳　帳

| 日 | 付 | 摘　要 | 元丁 | 借　方 | 貸　方 |
|---|---|---|---|---|---|
| 1 | 1 | 前期繰越高 | ✓ | 4,900 | 4,900 |

## 例題 4－6

B商店の令和×年12月31日の総勘定元帳の記録は以下のとおりである。この記録に基づいて(1)収益と費用の勘定の損益勘定への振替仕訳，(2)損益勘定から繰越利益剰余金勘定への振替仕訳，(3)損益勘定と繰越利益剰余金勘定への転記と締切り，(4)繰越試算表の作成，(5)損益計算書および貸借対照表の作成をしなさい。

総勘定元帳

現　　金　1

| | |
|---|---|
| 764,000 | 360,000 |

売 掛 金　2

| | |
|---|---|
| 806,000 | 508,000 |

商　　品　3

| | |
|---|---|
| 708,000 | 522,000 |

備　　品　4

| | |
|---|---|
| 160,000 | |

建　　物　5

| | |
|---|---|
| 500,000 | |

買 掛 金　6

| | |
|---|---|
| 266,000 | 790,000 |

借 入 金　7

| | |
|---|---|
| 40,000 | 240,000 |

資 本 金　8

| | |
|---|---|
| | 700,000 |

繰越利益剰余金　9

| | |
|---|---|
| | 40,000 |

商品売買益　10

| | |
|---|---|
| | 160,000 |

受取手数料　11

| | |
|---|---|
| | 10,000 |

給　　料　12

| | |
|---|---|
| 72,000 | |

広告宣伝費　13

| | |
|---|---|
| 12,000 | |

消耗品費　14

| | |
|---|---|
| 2,000 | |

損　　益　15

| | |
|---|---|
| | |

## 解答

| | 借方科目 | 金額 | 貸方科目 | 金額 |
|---|---|---|---|---|
| (1) | 商品売買益 | 160,000 | 損益 | 170,000 |
| | 受取手数料 | 10,000 | | |
| | 損益 | 86,000 | 給料 | 72,000 |
| | | | 広告宣伝費 | 12,000 |
| | | | 消耗品費 | 2,000 |
| (2) | 損益 | 84,000 | 繰越利益剰余金 | 84,000 |

(3)

### 総勘定元帳

現金　1

| | | | | | |
|---|---|---|---|---|---|
| | | 764,000 | | | 360,000 |
| | | | 12/31 | 次期繰越 | **404,000** |
| | | 764,000 | | | 764,000 |
| 1/1 | 前期繰越 | 404,000 | | | |

売掛金　2

| | | | | | |
|---|---|---|---|---|---|
| | | 806,000 | | | 508,000 |
| | | | 12/31 | 次期繰越 | **298,000** |
| | | 806,000 | | | 806,000 |
| 1/1 | 前期繰越 | 298,000 | | | |

商品　3

| | | | | | |
|---|---|---|---|---|---|
| | | 708,000 | | | 522,000 |
| | | | 12/31 | 次期繰越 | **186,000** |
| | | 708,000 | | | 708,000 |
| 1/1 | 前期繰越 | 186,000 | | | |

備品　4

| | | | | | |
|---|---|---|---|---|---|
| | | 160,000 | 12/31 | 次期繰越 | **160,000** |
| 1/1 | 前期繰越 | 160,000 | | | |

建　　物　　5

| | | | | | |
|---|---|---|---|---|---|
| | | 500,000 | **12/31** | **次期繰越** | **500,000** |
| 1/ 1 | 前期繰越 | 500,000 | | | |

買掛金　　6

| | | | | | |
|---|---|---|---|---|---|
| | | 266,000 | | | 790,000 |
| **12/31** | **次期繰越** | **524,000** | | | |
| | | 790,000 | | | 790,000 |
| | | | 1/ 1 | 前期繰越 | 524,000 |

借入金　　7

| | | | | | |
|---|---|---|---|---|---|
| | | 40,000 | | | 240,000 |
| **12/31** | **次期繰越** | **200,000** | | | |
| | | 240,000 | | | 240,000 |
| | | | 1/ 1 | 前期繰越 | 200,000 |

資本金　　8

| | | | | | |
|---|---|---|---|---|---|
| **12/31** | **次期繰越** | **700,000** | | | 700,000 |
| | | | 1/ 1 | 前期繰越 | 700,000 |

繰越利益剰余金　　9

| | | | | | |
|---|---|---|---|---|---|
| **12/31** | **次期繰越** | **124,000** | | | 40,000 |
| | | | 12/31 | 損益 | 84,000 |
| | | 124,000 | | | 124,000 |
| | | | 1/ 1 | 前期繰越 | 124,000 |

商品売買益　　10

| | | | | | |
|---|---|---|---|---|---|
| 12/31 | 損益 | 160,000 | | | 160,000 |

受取手数料　　11

| | | | | | |
|---|---|---|---|---|---|
| 12/31 | 損益 | 10,000 | | | 10,000 |

給　　料　　12

| | | | | | |
|---|---|---|---|---|---|
| | | 72,000 | 12/31 | 損　　益 | 72,000 |

広告宣伝費　　13

| | | | | | |
|---|---|---|---|---|---|
| | | 12,000 | 12/31 | 損　　益 | 12,000 |

消耗品費　　14

| | | | | | |
|---|---|---|---|---|---|
| | | 2,000 | 12/31 | 損　　益 | 2,000 |

損　　益　　15

| | | | | | |
|---|---|---|---|---|---|
| 12/31 | 給　　料 | 72,000 | 12/31 | 商品売買益 | 160,000 |
| 〃 | 広告宣伝費 | 12,000 | 〃 | 受取手数料 | 10,000 |
| 〃 | 消耗品費 | 2,000 | | | |
| 〃 | 繰越利益剰余金 | 84,000 | | | |
| | | 170,000 | | | 170,000 |

(4)

繰越試算表

令和×年12月31日

| 借　方 | 元丁 | 勘定科目 | 貸　方 |
|---|---|---|---|
| 404,000 | 1 | 現　　金 | |
| 298,000 | 2 | 売　掛　金 | |
| 186,000 | 3 | 商　　品 | |
| 160,000 | 4 | 備　　品 | |
| 500,000 | 5 | 建　　物 | |
| | 6 | 買　掛　金 | 524,000 |
| | 7 | 借　入　金 | 200,000 |
| | 8 | 資　本　金 | 700,000 |
| | 9 | 繰越利益剰余金 | 124,000 |
| 1,548,000 | | | 1,548,000 |

(5)

損益計算書

B商店　　令和×年1月1日から令和×年12月31日まで

| 費　用 | 金　額 | 収　益 | 金　額 |
|---|---|---|---|
| 給料 | 72,000 | 商品売買益 | 160,000 |
| 広告宣伝費 | 12,000 | 受取手数料 | 10,000 |
| 消耗品費 | 2,000 | | |
| **当期純利益** | **84,000** | | |
| | 170,000 | | 170,000 |

貸借対照表

B商店　　令和×年12月31日

| 資　産 | 金　額 | 負債および純資産 | 金　額 |
|---|---|---|---|
| 現金 | 404,000 | 買掛金 | 524,000 |
| 売掛金 | 298,000 | 借入金 | 200,000 |
| 商品 | 186,000 | 資本金 | 700,000 |
| 備品 | 160,000 | 繰越利益剰余金 | 124,000 |
| 建物 | 500,000 | | |
| | 1,548,000 | | 1,548,000 |

**解　説**

この問題は，繰越試算表の作成を求めているので，英米式決算法によって処理しなければならない。したがって，収益・費用に属する勘定残高は，損益勘定に振り替えて各勘定口座を締め切る。また，損益勘定で算定された差額である純利益（純損失）は，繰越利益剰余金勘定に振り替える。このような決算振替仕訳がなされる。また，資産・負債・純資産に属する勘定の残高は，繰り越して締め切ることが必要になる。繰越試算表は，その繰越額に基づいて作成される。

### (3) 仕訳帳の締切り

決算が終了した場合，**仕訳帳**の締切りがなされる。仕訳帳の締切りは，日常の取引に関する仕訳の締切手続きと，決算仕訳の締切手続きの２つに分けられる。日常の取引に関する仕訳の締切手続きは，試算表の作成と同時に行われる。それに対して決算仕訳の締切りは，それとは別に合計してなされる。

仕　訳　帳

| 日付 | | 摘要 | 元丁 | 借方 | 貸方 |
|---|---|---|---|---|---|
| | | （日常の取引の締切り） | | | |
| 12 | 31 | 決 算 仕 訳 | | | |
| | | （商品売買益） | × | ×× | |
| | | （損　　益） | × | | ×× |
| | | 収益勘定を損益勘定に振替 | | | |
| | | （損　　益）　　諸　　口 | × | ×× | |
| | | （給　　料） | × | | ×× |
| | | （広告宣伝費） | × | | ×× |
| | | （旅費交通費） | × | | ×× |
| | | 費用勘定を損益勘定に振替 | | | |
| | | （損　　益） | × | ×× | |
| | | （繰越利益余剰金） | × | | ×× |
| | | 当期純利益を繰越利益剰余金勘定に振替 | | | |
| | | | | ×× | ×× |

## 4．財務諸表の作成

帳簿決算の手続きが終了した後，各元帳の記録に基づいて損益計算書，貸借対照表といった財務諸表が作成される。

損益計算書は，一定期間の経営成績を当期純利益または当期純損失として表すためのものであり，収益・費用の諸勘定を集計した集合損益勘定である損益勘定をもとにして作成される。損益勘定と損益計算書の違いは，**当期純利益**が，損益計算書では，「当期純利益」という科目で表示されるのに対して，損益勘定では，摘要欄に繰越利益剰余金として示される点にある。なお，当期純利益（損失）は，朱記する。

また，損益計算書は，企業の一期間の経営成績を示す財務諸表であるため，会計期間と企業名を記載することが必要である。

損益計算書

○○商店　令和×年1月1日から令和×年12月31日まで

| 費　用 | 金　額 | 収　益 | 金　額 |
|---|---|---|---|
| 給　料 | ×× | 商品売買益 | ×× |
| 広告宣伝費 | ×× | 受取手数料 | ×× |
| 旅費交通費 | ×× | | |
| **当期純利益** | **××** | | |
| | ×× | | ×× |

貸借対照表は，企業の一時点（会計期間の終了時）における企業の財政状態を表すものである。当期純利益は，資本金（会計期間中に増資や減資がなされた場合はそれを加減した金額）と区別して記載する。貸借対照表は，前述した繰越試算表に基づいて作成することになる。

また，貸借対照表は，企業の期末における財政状態を示す財務諸表であるため，企業名と決算日を記載しなければならない。

貸借対照表

○○商店　令和×年12月31日

| 資　産 | 金　額 | 負債および純資産 | 金　額 |
|---|---|---|---|
| 現　金 | ×× | 借入金 | ×× |
| 売掛金 | ×× | 資本金 | ×× |
| 商　品 | ×× | 繰越利益剰余金 | ×× |
| 備　品 | ×× | | |
| 建　物 | ×× | | |
| | ×× | | ×× |

## 例題 4－7

以下の損益勘定と繰越試算表に基づいて，損益計算書と貸借対照表を作成しなさい。

損　　益　　13

| | | | | | |
|---|---|---|---|---|---|
| 12/31 | 給料 | 15,000 | 12/31 | 商品売買益 | 30,000 |
| | 広告宣伝費 | 7,000 | | 受取手数料 | 4,000 |
| | 支払利息 | 2,000 | | 受取利息 | 2,000 |
| | 雑費 | 1,000 | | | |
| | 繰越利益剰余金 | 11,000 | | | |
| | | 36,000 | | | 36,000 |

繰越試算表
令和×年12月31日

| 借方 | 元丁 | 勘定科目 | 貸方 |
|---|---|---|---|
| 48,000 | 1 | 現金 | |
| 27,000 | 2 | 売掛金 | |
| 30,000 | 3 | 商品 | |
| 25,000 | 4 | 備品 | |
| 90,000 | 5 | 建物 | |
| | 6 | 買掛金 | 29,000 |
| | 7 | 借入金 | 60,000 |
| | 8 | 資本金 | 120,000 |
| | 9 | 繰越利益剰余金 | 11,000 |
| 220,000 | | | 220,000 |

解　答

損益計算書

○○商店　令和×年1月1日から令和×年12月31日まで

| 費　用 | 金　額 | 収　益 | 金　額 |
|---|---|---|---|
| 給　料 | 15,000 | 商品売買益 | 30,000 |
| 広告宣伝費 | 7,000 | 受取手数料 | 4,000 |
| 支払利息 | 2,000 | 受取利息 | 2,000 |
| 雑　費 | 1,000 | | |
| **当期純利益** | **11,000** | | |
| | 36,000 | | 36,000 |

貸借対照表

○○商店　令和×年12月31日

| 資　産 | 金　額 | 負債および純資産 | 金　額 |
|---|---|---|---|
| 現　金 | 48,000 | 買掛金 | 29,000 |
| 売掛金 | 27,000 | 借入金 | 60,000 |
| 商　品 | 30,000 | 資本金 | 120,000 |
| 備　品 | 25,000 | 繰越利益剰余金 | 11,000 |
| 建　物 | 90,000 | | |
| | 220,000 | | 220,000 |

解　説

財務諸表は決算本手続きが終了して作成される。損益計算書は損益勘定に基づいて作成され，貸借対照表は繰越試算表によって作成される。

## 5．精算表の作成

決算は，試算表の作成から始め，貸借対照表および損益計算書の作成で終わるものである。つまり，本来，損益計算書や貸借対照表は，前述の決算手続きにより，総勘定元帳に基づいて作成されるべきものである。しかし，残高試算表も元帳の残高を集計して作成されたものであるから，損益計算書や貸借対照表も同様に作成することができる。この過程を１つの表にまとめたものが**精算表**である。精算表は，総勘定元帳に基づく本決算に入る前に作成されるものであり，あらかじめ経営成績や財政状態を把握するのに役立ち，帳簿決算をする際の補助的なものとなる。

また，精算表には，金額の欄の数に応じて６桁精算表，８桁精算表などがあるが，ここでは，もっとも基本的な６桁精算表について例示する。

精算表は，次のような手続きによって作成される。

① 各勘定口座の残高を精算表の残高試算表の欄に記入する。

② 残高試算表の各勘定科目のうち収益と費用に属する科目の金額を損益計算書の欄の借方および貸方に記入する。

③ 残高試算表の各勘定科目のうち資産・負債・純資産（資本）に属する科目の金額を貸借対照表の欄の借方および貸方に記入する。

④ 損益計算書の欄と貸借対照表の欄の借方と貸方の差額を算出して，それが一致するのを確認する。損益計算書の貸方の金額の合計が借方の合計よりも大きければ，勘定科目の欄に当期純利益と朱記して差額を損益計算書の欄の借方に朱記して締め切る。損益計算書の借方の合計額の方が貸方の合計額より大きい場合は，当期純損失として上記と同様に朱記によって貸方に記入して締め切る。貸借対照表も同じように差額を借方か貸方に記入して（貸借対照表の欄の金額は朱記する必要はない）借方と貸方の金額を平均させて締め切る。

精算表は，帳簿の締切り前に決算手続きを帳簿から切り離して行う，決算の簡略化のための一覧表にすぎない。しかし，精算表は，複式簿記の計算原理を１つの表として示したものである。すなわち，精算表は，残高試算表に記載されている資産・負債・純資産（資本）・収益・費用を次のように損益計算書と貸借対照表に移し替えるものであり，試算表等式・損益計算書等式・貸借対照表等式を一覧表として示したものになっている。この関連を図示すると次のようになる。

残高試算表の各勘定のうち，資産，負債，純資産（資本）の諸勘定は，貸借対照表の欄の借方・貸方に記入し，収益，費用の諸勘定は，損益計算書の欄の借方・貸方に記入する。当期純利益（損失）は朱記し，損益計算書にその金額を朱記する。以下に精算表の記入法を示す。

<u>精　　算　　表</u>

| 勘定科目 | 残高試算表 | | 損益計算書 | | 貸借対照表 | |
|---|---|---|---|---|---|---|
| | 借　方 | 貸　方 | 借　方 | 貸　方 | 借　方 | 貸　方 |
| 資産勘定 | ×× | | | | ×× | |
| 負債勘定 | | ×× | | | | ×× |
| 純資産勘定 | | ×× | | | | ×× |
| 収益勘定 | | ×× | | ×× | | |
| 費用勘定 | ×× | | ×× | | | |
| **当期純利益** | | | **××** | | | ×× |
| | ×× | ×× | ×× | ×× | ×× | ×× |

**例題 4－8**

次の精算表を完成させなさい。

精　　算　　表

令和×年12月31日

| 勘定科目 | 残高試算表 | | 損益計算書 | | 貸借対照表 | |
|---|---|---|---|---|---|---|
| | 借　方 | 貸　方 | 借　方 | 貸　方 | 借　方 | 貸　方 |
| 現　　金 | 1,500 | | | | | |
| 売 掛 金 | 1,200 | | | | | |
| 商　　品 | 1,500 | | | | | |
| 備　　品 | 800 | | | | | |
| 建　　物 | 1,000 | | | | | |
| 買 掛 金 | | 1,200 | | | | |
| 資 本 金 | | 3,000 | | | | |
| 繰越利益剰余金 | | 1,000 | | | | |
| 商品売買益 | | 1,100 | | | | |
| 受取手数料 | | 200 | | | | |
| 給　　料 | 300 | | | | | |
| 広告宣伝費 | 100 | | | | | |
| 雑　　費 | 100 | | | | | |
| **当期純(　)** | | | | | | |
| | 6,500 | 6,500 | | | | |
| | | | | | | |

解　答

精　算　表

令和×年12月31日

| 勘定科目 | 残高試算表 | | 損益計算書 | | 貸借対照表 | |
|---|---|---|---|---|---|---|
| | 借　方 | 貸　方 | 借　方 | 貸　方 | 借　方 | 貸　方 |
| 現　金 | 1,500 | | | | 1,500 | |
| 売掛金 | 1,200 | | | | 1,200 | |
| 商　品 | 1,500 | | | | 1,500 | |
| 備　品 | 800 | | | | 800 | |
| 建　物 | 1,000 | | | | 1,000 | |
| 買掛金 | | 1,200 | | | | 1,200 |
| 資本金 | | 3,000 | | | | 3,000 |
| 繰越利益剰余金 | | 1,000 | | | | 1,000 |
| 商品売買益 | | 1,100 | | 1,100 | | |
| 受取手数料 | | 200 | | 200 | | |
| 給　料 | 300 | | 300 | | | |
| 広告宣伝費 | 100 | | 100 | | | |
| 雑　費 | 100 | | 100 | | | |
| **当期純(利益)** | | | **800** | | | 800 |
| | 6,500 | 6,500 | 1,300 | 1,300 | 6,000 | 6,000 |

解　説

勘定科目の当期純利益と損益計算書の純利益（損失）の数字は，原則として朱記する。

**例題4－9**

次の各勘定残高に基づいて精算表を作成しなさい。

現　金 ￥30,000　売掛金 ￥70,000　商　品 ￥45,000
建　物 ￥180,000　買掛金 ￥90,000　資本金 ￥200,000

| | | | | | |
|---|---|---|---|---|---|
| 繰越利益剰余金 | ¥10,000 | 商品売買益 | ¥51,000 | 受取利息 | ¥5,000 |
| 給　　料 | ¥20,000 | 通信費 | ¥4,000 | 広告宣伝費 | ¥6,000 |
| 雑　　費 | ¥1,000 | | | | |

## 解答

精　算　表

令和×年12月31日

| 勘定科目 | 残高試算表 | | 損益計算書 | | 貸借対照表 | |
|---|---|---|---|---|---|---|
| | 借方 | 貸方 | 借方 | 貸方 | 借方 | 貸方 |
| 現　　金 | 30,000 | | | | 30,000 | |
| 売掛金 | 70,000 | | | | 70,000 | |
| 商　　品 | 45,000 | | | | 45,000 | |
| 建　　物 | 180,000 | | | | 180,000 | |
| 買掛金 | | 90,000 | | | | 90,000 |
| 資本金 | | 200,000 | | | | 200,000 |
| 繰越利益剰余金 | | 10,000 | | | | 10,000 |
| 商品売買益 | | 51,000 | | 51,000 | | |
| 受取利息 | | 5,000 | | 5,000 | | |
| 給　　料 | 20,000 | | 20,000 | | | |
| 通信費 | 4,000 | | 4,000 | | | |
| 広告宣伝費 | 6,000 | | 6,000 | | | |
| 雑　　費 | 1,000 | | 1,000 | | | |
| **当期純利益** | | | **25,000** | | | 25,000 |
| | 356,000 | 356,000 | 56,000 | 56,000 | 325,000 | 325,000 |

## 解説

本問は，資産・負債・純資産・収益・費用の順に勘定が並んでいるため，そのまま勘定を移すと解答のようになるが，勘定科目がその順序で並んでいない場合も本問のように資産・負債・純資産・収益・費用の順に勘定を並べること。

# 第5章

# 現金・預金

**学習のポイント**

① 現金勘定として処理される現金という科目を理解し現金出納帳の記入方法を学ぶ。

② 当座預金勘定の性質と当座預金取引の処理方法，当座預金出納帳の記入方法を学ぶ。

③ 小口現金勘定の処理方法と小口現金出納帳の記入方法を学ぶ。

④ 現金過不足の処理方法を学ぶ。

## 1．現金取引の処理

現金に関する取引の処理には，**現金勘定**を使用する。現金勘定は資産に属する勘定で，現金の受取りがあったときには現金勘定の借方に記入し，支払いがあったときには現金勘定の貸方に記入することになる。また現金勘定は，資産に属する勘定であることから，常に借方に残高が生じることになる。

なお，簿記上において**現金**として取り扱うものは，通貨だけではなく，他人振出の小切手，送金小切手，郵便為替証書，株式配当金領収書，満期公社債利札などの通貨代用証券も現金として取り扱われる。

現　　金

| | |
|---|---|
| 通貨・通貨代用証券の受取り | 通貨・通貨代用証券の支払い |
| | ←残高 |

**例題５－１**

次の取引の仕訳を示しなさい。

5月2日　A商店から売掛金¥20,000を現金で回収した。
　　3日　B商店へ商品（原価¥5,000）を¥8,000で販売し，代金は同店振出しの小切手で受け取った。
　　6日　C商事株式会社から¥36,000の配当金領収書が送られてきた。
　　9日　D商店から商品¥10,000を現金で購入した。

**解　答**

| | | | | | | |
|---|---|---|---|---|---|---|
| 5月2日 | （借）現　金 | 20,000 | （貸）売　掛　金 | 20,000 |
| 3日 | （借）現　金 | 8,000 | （貸）商　品 | 5,000 |
| | | | （貸）商品売買益 | 3,000 |
| 6日 | （借）現　金 | 36,000 | （貸）受取配当金 | 36,000 |
| 9日 | （借）商　品 | 10,000 | （貸）現　金 | 10,000 |

現金についての取引は，総勘定元帳の現金勘定に記入するほかに，その明細を明らかにするために，補助簿としての現金出納帳にも記入する。例題５－１の取引を現金出納帳に記入するならば以下のようになる。なお，現金の前月からの繰越額は，¥15,000とする。

現　金　出　納　帳

| 日 | 付 | 摘　要 | 収　入 | 支　出 | 残　高 |
|---|---|---|---|---|---|
| 5 | 1 | 前月繰越 | 15,000 | | 15,000 |
| | 2 | A商店から売掛金回収 | 20,000 | | 35,000 |
| | 3 | B商店に売上，小切手受取り | 8,000 | | 43,000 |
| | 6 | 配当金領収書の受領，C商事株式会社株式 | 36,000 | | 79,000 |
| | 9 | D商店から仕入れ | | 10,000 | 69,000 |
| | **31** | **次月繰越** | | **69,000** | |
| | | | 79,000 | 79,000 | |
| 6 | 1 | 前月繰越 | 69,000 | | 69,000 |

# 2．当座預金

**当座預金**とは，銀行と当座預金契約を結んで設ける預金口座で，小切手を振り出してさまざまな日常的な支払いをすることができる預金をいう。当座預金の特徴は，原則として利息がつかないもので，その引出は小切手の振出しによってなされることである。

当座預金の増減を伴う取引については，**当座預金勘定**（資産の勘定）によって処理される。現金や他人振出しの小切手を預け入れたり，得意先などから売掛代金などの振込みがあった場合には，その金額を当座預金勘定の借方に記入する。また，支払いのために小切手を振り出したり，預金の引落しがなされた場合には，その金額を当座預金勘定の貸方に記入する。

当座預金

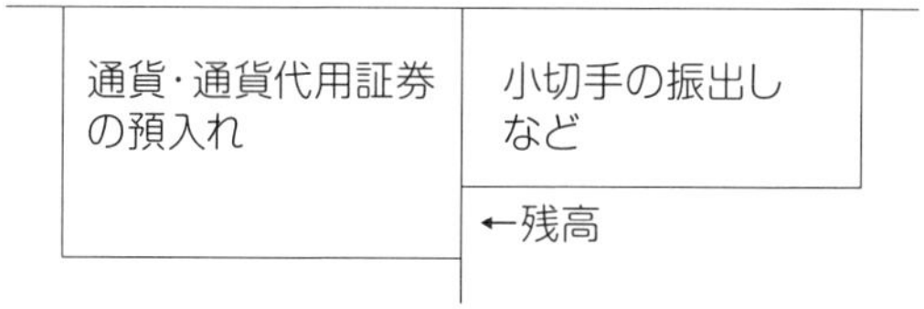


現金の管理に用いる現金出納帳と同様に，当座預金についても，日常頻繁に預入れ・引出しがなされるため，その管理のために補助簿としての**当座預金出納帳**を作成する。複数の銀行に当座預金口座を設けている場合には，銀行別に当座預金出納帳を設けることになる。

当座預金出納帳

| 日付 | | 摘要 | 預入 | 引出 | 借または貸 | 残高 |
|---|---|---|---|---|---|---|
| | | | | | | |

通常「借または貸」の欄は，残高が借方にあるので「借」になるが，後述する当座借越が生じているときは「貸」になる。

例題 5－2

次の取引の仕訳を示しなさい。

1　D銀行と当座預金契約を結び，現金￥200,000を預け入れた。

2　E商店から商品￥50,000を仕入れ，代金はA銀行あての小切手を振り出して支払った。

3　F商店に対する売掛金￥70,000を回収し，代金のうち同店振出しの小切手￥50,000を受け取り直ちに当座預金とした。残額は，かつて当店が振り出した小切手￥20,000で受け取った。

解　答

| | | | | | |
|---|---|---|---|---|---|
| 1 | （借）当座預金 | 200,000 | （貸）現 | 金 | 200,000 |
| 2 | （借）商 | 品 | 50,000 | （貸）当座預金 | 50,000 |
| 3 | （借）当座預金 | 70,000 | （貸）売掛金 | | 70,000 |

解　説

当座預金は，預入れにより増加し，小切手の振出しによって減少する。3の仕訳において，自己振出しの小切手を回収したときは，当座預金勘定の借方に記入する。これは，小切手振出しの取消しを意味するからである。

## 3．当座借越

当座預金の残高を引き出すためには，小切手を振り出して行う。よって，小切手は，原則として当座預金の残高の範囲内で振り出すことができる。残高を超えた金額の小切手を振り出しても，銀行はその支払いに応じないからである。

ただし，あらかじめ銀行との間に当座借越契約を結んでおけば，その契約で定められた借越限度額まで，当座預金の残高を超えて小切手を振り出したり，決済したりすることができる。このように，当座預金の残高を超えて引き出された状態のことを**当座借越**という。

簿記上では，当座預金については当座預金勘定（資産の勘定）で処理し，これが増加すれば借方に記入し，減少すれば貸方に記入する。よって，当座預金勘定が貸方残高であるときに，その分だけ当座借越となっていることがわかる。

そこで，決算時に当座借越となっている場合には，当座預金勘定の貸方残高を**当座借越勘定**（負債の勘定）または**借入金勘定**（負債の勘定）に振り替える。なぜならば，当座借越とは，実質的に銀行からの借り入れを意味するからである。

**例題5－3**

次の取引を仕訳し，当座預金勘定と当座借越勘定に転記しなさい。ただし，勘定の締め切りは行わなくてよい。

12月1日　A銀行において当座預金口座を開設し，現金￥150,000を預け入れた。また，A銀行との間に借越限度額を￥300,000とした当座借越契約を結んだ。

12月12日　B社から備品（パソコン）を購入し，代金￥220,000は小切手を振り出して支払った。

12月31日　決算につき，当座預金勘定の貸方残高を当座借越勘定に振り替える。

**解　答**

| | | | | | | |
|---|---|---|---|---|---|---|
| 12月1日 | （借） | 当座預金 | 150,000 | （貸） | 現金 | 150,000 |
| 12日 | （借） | 備品 | 220,000 | （貸） | 当座預金 | 220,000 |
| 31日 | （借） | 当座預金 | 70,000 | （貸） | 当座借越 | 70,000 |

当座預金

| | | | | | |
|---|---|---|---|---|---|
| 12/1 | 現金 | 150,000 | 12/12 | 備品 | 220,000 |
| 31 | 当座借越 | 70,000 | | | |

当座借越

| | | | | | |
|---|---|---|---|---|---|
| | | | 12/31 | 当座預金 | 70,000 |

**解　説**

12月31日に決算を迎えたときの当座預金勘定の貸方残高は￥70,000である。これは，当座借越が￥70,000あることを意味している。そこで，これを当座借越勘定に振り替える。この仕訳は，決算整理仕訳の１つである。

なお，翌期首（翌年１月１日）には，12月31日と反対の仕訳を行う必要がある。このような仕訳を再振替仕訳という。

## ４．その他の預金

企業は，当座預金以外にも普通預金などの銀行口座をもっていることがある。普通預金をもっている場合には，**普通預金勘定**（資産の勘定）で処理する。

また，企業は複数の銀行において口座をもっていることがある。そのような場合には，たとえば普通預金Ｘ銀行勘定（資産の勘定）や普通預金Ｙ銀行勘定（資産の勘定）などのように勘定を区別して増減を記入することによって，帳簿上で銀行口座別に管理を行うことがある。

**例題５－４**

次の取引の仕訳を示しなさい。なお，当社では，銀行口座別に勘定を設けており，普通預金Ｘ銀行勘定と普通預金Ｙ銀行勘定を使用している。

５月６日　Ｘ銀行において普通預金口座を開設し，現金￥500,000を預け入れた。

５月10日　Ｙ銀行において普通預金口座を開設し，現金￥100,000を預け入れた。

５月11日　Ｘ銀行の普通預金口座から￥300,000をＹ銀行の普通預金口座に振り替えた。

５月15日　水道光熱費￥20,000がＸ銀行の普通預金口座から引き落とされた。

５月25日　従業員に対する給料￥250,000をＹ銀行の普通預金口座から支払った。

**解　答**

| | | | | | | |
|---|---|---|---|---|---|---|
| ５月６日 | （借） | 普通預金Ｘ銀行 | 500,000 | （貸） | 現　　金 | 500,000 |
| 10日 | （借） | 普通預金Ｙ銀行 | 100,000 | （貸） | 現　　金 | 100,000 |
| 11日 | （借） | 普通預金Ｙ銀行 | 300,000 | （貸） | 普通預金Ｘ銀行 | 300,000 |
| 15日 | （借） | 水道光熱費 | 20,000 | （貸） | 普通預金Ｘ銀行 | 20,000 |
| 25日 | （借） | 給　　料 | 250,000 | （貸） | 普通預金Ｙ銀行 | 250,000 |

解　説

5月6日と10日は，現金をそれぞれの銀行の普通預金口座に預け入れたので，現金勘定の貸方に記入し，それぞれ当社で使用している勘定（普通預金X銀行勘定と普通預金Y銀行勘定）の借方に記入する。

11日は，X銀行の普通預金口座からY銀行の普通預金口座に振り替えたので，普通預金X銀行勘定の貸方に記入し，普通預金Y銀行勘定の借方に記入する。

15日と25日は，それぞれ水道光熱費勘定（費用の勘定）と給料勘定（費用の勘定）を使用して処理する。

## 5．小口現金

現金はその性格上，盗難や紛失などが発生しやすいので，多額の現金を会社において保管・管理することの危険性は高くなる。そこで，受け取った現金や小切手などを，一度すべて当座預金に預け入れて，支払いの必要に応じて小切手を振り出すという方法が，現金の管理の面においては非常に便利である。しかし，郵便切手などの通信費など日常的に発生する少額の支払いについてまで，小切手を利用することはかえって煩雑となる。そこで会社では，このような少額の支払いに充てるために，必要額を見積もって現金を用意して，それを支払の係（用度係）に前渡しし，日常の少額な支払いをさせるようにしている。用度係に前渡しした現金を，**小口現金**といい，小口現金の受取りや支払いを管理するために，**小口現金勘定**（資産の勘定）を用いる。用度係に資金が前渡しされたときには，小口現金勘定の借方に記入し，用度係から支払いの報告を受けたときには，その金額を小口現金勘定の貸方に記入する。

小口現金の給付方法については，**定額資金前渡制度**（インプレスト・システム）がある。これは，一定期間に必要になると見込まれる現金の額を見積もりその額をあらかじめ決定して用度係に前渡しし，一定期間の終わりに，用度係に実際の支払額の報告をさせ，その支払額と同額を補給する方法である。したがってこの方法を採用すると，一定期間の最初の日には，必ず一定額が用度係の手許にあることになる。この方法に対して，必要に応じて適当な額の資金を渡す，臨時補給制度がある。また，小口現金の補給と支払明細を記入する補助簿として**小口現金出納帳**があり，小口現金の管理に利用される。

**例題 5－5**

次の取引の仕訳を示しなさい。

1　定額資金前渡法による小口現金制度を実施することとし，用度係に小切手￥20,000を振り出して渡した。

2　5月末に用度係から，次のような支払いに関する報告を受けた。

5/3通信費￥5,000，5/16消耗品費￥1,000，5/27旅費交通費￥7,000，5/28雑費￥1,500

3　報告された支払金額と同額の小切手を，月末に用度係に渡した。

**解　答**

| | | | | | |
|---|---|---|---|---|---|
| 1 | (借) 小口現金 | 20,000 | (貸) 当座預金 | 20,000 |
| 2 | (借) 通信費 | 5,000 | (貸) 小口現金 | 14,500 |
| | 消耗品費 | 1,000 | | |
| | 旅費交通費 | 7,000 | | |
| | 雑費 | 1,500 | | |
| 3 | (借) 小口現金 | 14,500 | (貸) 当座預金 | 14,500 |

**解　説**

2および3の仕訳を，次のように1つにまとめることができる。ただし，期首（または月初）に資金の補給を行う場合は，翌日に補給がなされるので仕訳を1つにまとめることはできない。

| | | | |
|---|---|---|---|
| (借) 通信費 | 5,000 | (貸) 当座預金 | 14,500 |
| 消耗品費 | 1,000 | | |
| 旅費交通費 | 7,000 | | |
| 雑費 | 1,500 | | |

小口現金出納帳

| 受入 | 日付 | | 摘要 | 支払 | 内訳 | | | |
|---|---|---|---|---|---|---|---|---|
| | | | | | 旅費交通費 | 通信費 | 消耗品費 | 雑費 |
| 20,000 | 5 | 1 | 受入高 | | | | | |
| | | 3 | 通信費 | 5,000 | | 5,000 | | |
| | | 16 | 消耗品費 | 1,000 | | | 1,000 | |
| | | 27 | 旅費交通費 | 7,000 | 7,000 | | | |
| | | 28 | 雑費 | 1,500 | | | | 1,500 |
| | | | 合計 | 14,500 | 7,000 | 5,000 | 1,000 | 1,500 |
| 14,500 | | 31 | 本日補給 | | | | | |
| | | 〃 | **次月繰越** | **20,000** | | | | |
| 34,500 | | | | 34,500 | | | | |
| 20,000 | 6 | 1 | 前月繰越 | | | | | |

## 6. 現金過不足

現金取引は，日常的に頻繁に生じるものであることから，現金の管理のためにその帳簿残高と実際有高との照合を行うことが必要となる。その照合の結果，両者が一致しなければその原因を調査し，適切な処理をしなければならない。両者の一致しない理由は，何らかの計算違いや記入漏れ，または現金の紛失などが考えられる。

不一致の原因がすぐに判明しない場合には，その原因が判明するまでの間，一時的に**現金過不足勘定**を設定し，帳簿残高を実際有高に修正する。

現金の実際有高が帳簿残高より少ない場合には，現金過不足勘定の借方に記入し，逆に実際有高が帳簿残高より多い場合には，現金過不足勘定の貸方に記入する。そして不一致の原因が判明したときに，それらを適当な勘定に振り替える。

なお，決算時点においても原因が不明のため現金過不足勘定に残高がある場合には，現金過不足勘定の性格が**未決算勘定**であるため，その金額をただちに現金過不足勘定から適切な勘定に振り替える必要がある。つまり，不足額については，**雑損勘定**または**雑損失勘定**（費用の勘定）に，過剰額については，**雑益勘定**または**雑収入勘定**（収益の勘定）に振り替えることになる。

**例題 5－6**

次の取引の仕訳を示しなさい。

1 ⑴ 現金の帳簿残高と実際有高を調査したところ実際有高が帳簿残高より¥5,000不足していた。

⑵ 調査の結果，不足額のうち¥2,000は，旅費交通費の記入漏れであることが判明した。

⑶ 現金不足額のうち¥3,000は，決算日にいたっても原因が不明であった。

2 現金の過剰額¥1,000が，決算日にいたってもその原因が不明であった。

**解　答**

| | | | | | | |
|---|---|---|---|---|---|---|
| 1 | ⑴ | （借）現金過不足 | 5,000 | （貸）現　金 | 5,000 |
| | ⑵ | （借）旅費交通費 | 2,000 | （貸）現金過不足 | 2,000 |
| | ⑶ | （借）雑　損 | 3,000 | （貸）現金過不足 | 3,000 |
| 2 | | （借）現金過不足 | 1,000 | （貸）雑　益 | 1,000 |

# 第6章

# 商品売買

学習のポイント

① 3分法による商品売買の処理方法を学ぶ。
② 商品取引を記録する補助簿として商品有高帳の記入方法を学ぶ。
③ 売上原価・売上総利益の算定方法と商品売買にかかわる諸勘定の決算処理方法を学ぶ。

## 1. 分記法と3分法

商品売買に関する取引の処理方法には，分記法と3分法がある。ここでは，分記法と3分法の処理の特徴について説明する。

### (1) 分 記 法

**分記法**は，商品の売買取引について**商品勘定**（資産の勘定）と**商品売買益勘定**（収益の勘定）という2つの勘定によって処理するものである。商品を仕入れたときには，商品勘定の借方に記入し，商品を販売したときは，その原価を商品勘定の貸方に記入し，売価と原価との差額は，商品売買益勘定の貸方に記入する。このように売価を原価と**商品売買益**に分けて記帳することから**分記法**と呼ばれる。

この方法によれば，商品勘定は常に借方残高になり，商品の手許有高を示すことになる。したがって勘定記録によって手許商品の管理が可能となるという長所を持つが，販売した商品の原価をそのつど把握しなければならず，取引が頻繁に行われたり，原価の異なる多種の商品を取り扱っている場合などは，記帳処理が煩雑になるという欠点をもつ処理方法である。また，この方法は，販売のつど商品の売価と原価を比較し商品売買益を算出するという手続きを踏むため利益額のみを計上する純額表示になり，商品販売における売上高総額とそれに対応する売上原価を記載するという総額表示の要請に応えられないという欠点も存在する。

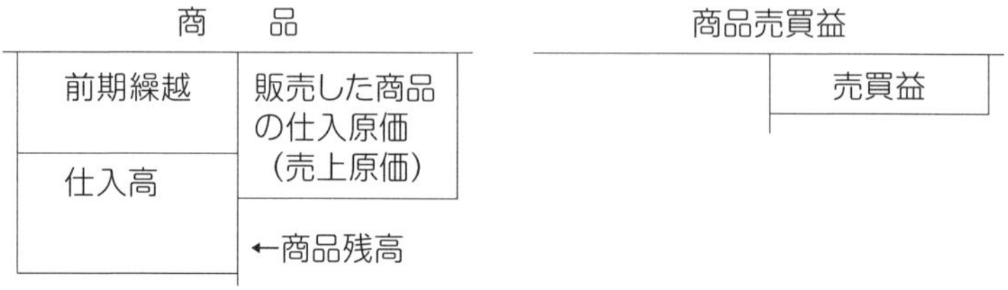


## ⑵　3 分 法

**3分法**は，商品の勘定処理について分記法の欠点を解決するために，**仕入勘定**（費用の勘定），**売上勘定**（収益の勘定），**繰越商品勘定**（資産の勘定）の3つの勘定を用いるものである。商品を仕入れたときは，商品の取得原価をもって仕入勘定の借方に記入する。また，商品を販売した場合には，売上勘定の貸方に，売価をもって記入する。繰越商品勘定は，その借方に前期繰越高（期首商品棚卸高）が記入され，決算処理の段階で売上原価の計算をするまでは新たな記入はなされない。この方法では，分記法でみられた記帳の煩雑さや，総記法での勘定の不明確さも解消でき，総額表示の要請にも応えることができる長所をもっている。

### ①　仕入諸掛

商品購入のために要した引取運賃などの付随費用が発生したときは，商品の購入代価にこれを加算する。商品を仕入れる際には，引取運賃・保険料などの費用がかかる。これらは**仕入諸掛**または**仕入副費**といわれる。これらは，原則として商品原価に含める。

**仕入原価＝商品の購入代価＋仕入諸掛**

### ②　売上諸掛

販売の際に生じた運賃や荷造費などの**売上諸掛**は，それを当社が負担する場合には，発送費勘定（費用の勘定）を設定してそこに記入し，売上勘定には関係させないようにする。それに対して買い手側が負担する場合は，当社がその金額を立て替えて支払うことになるので立替金勘定（資産の勘定）の借方に記入するか，売掛金勘定（資産の勘定）に加算して処理する。

### ③　返　　品

仕入れた商品を品質不良・汚損・数量違い・品違いがあったというような理由で**返品**した場合，仕入の取消しにあたるので，その額を仕入勘定の貸方に記入し，金額の修正をする。

販売した商品の返品を受けた場合は，売上の取消しにあたるので，売上勘定の借方に記入し，金額の修正をする。

以上の点から仕入，売上，繰越商品勘定の内容を示すと以下のようになる。

| 仕　入 | |
|---|---|
| 仕入高<br>（仕入諸掛） | 仕入戻し |

| 売　上 | |
|---|---|
| 売上戻り | 売上高 |

| 繰越商品 | |
|---|---|
| 前期繰越 | |

**例題 6－1**

次の商品売買取引について，分記法，3分法による仕訳を示しなさい。

1　商品￥20,000を仕入れ，代金は掛けとした。なお引取運賃￥1,000は，現金で支払った。

2　上記1で仕入れた商品に品違いがあったので，商品￥3,000を返品した。

3　原価￥5,000の商品を売価￥8,000で販売し，代金は掛けとした。なお，商品の発送運賃￥500は，現金で支払った。

4　上記3で販売した商品に品違いがあったので，商品￥800（原価￥500）の返品を受けた。

**解　答**

分記法

| | | | | | | |
|---|---|---|---|---|---|---|
| 1 | (借) 商　　　品 | 21,000 | (貸) 買　掛　金 | 20,000 |
| | | | 現　　　金 | 1,000 |
| 2 | (借) 買　掛　金 | 3,000 | (貸) 商　　　品 | 3,000 |
| 3 | (借) 売　掛　金 | 8,000 | (貸) 商　　　品 | 5,000 |
| | | | 商品売買益 | 3,000 |
| | (借) 発　送　費 | 500 | (貸) 現　　　金 | 500 |
| 4 | (借) 商　　　品 | 500 | (貸) 売　掛　金 | 800 |
| | 商品売買益 | 300 | | |

3分法

| | | | | |
|---|---|---|---|---|
| 1 | (借) 仕　　　入 | 21,000 | (貸) 買　掛　金 | 20,000 |
| | | | 現　　　金 | 1,000 |
| 2 | (借) 買　掛　金 | 3,000 | (貸) 仕　　　入 | 3,000 |
| 3 | (借) 売　掛　金 | 8,000 | (貸) 売　　　上 | 8,000 |
| | (借) 発　送　費 | 500 | (貸) 現　　　金 | 500 |
| 4 | (借) 売　　　上 | 800 | (貸) 売　掛　金 | 800 |

**解　説**

仕入に伴う付随費用は仕入原価のなかに含めなければならない。また，設問3は，発送運賃が当社の負担となっているが，買い手側が負担する場合には，次のような仕訳になる（3分法の場合)。

| | | | |
|---|---|---|---|
| (借) 売　掛　金 | 8,500 | (貸) 売　　　上 | 8,000 |
| | | 現　　　金 | 500 |

または，立替金勘定を用いた場合は，以下のようになる。

| | | | |
|---|---|---|---|
| (借) 売　掛　金 | 8,000 | (貸) 売　　　上 | 8,000 |
| (借) 立　替　金 | 500 | (貸) 現　　　金 | 500 |

## 2．仕入帳と売上帳

**仕入帳**と**売上帳**は，仕入取引・売上取引の明細を発生順に記録するための補助簿（補助記入帳）である。

## (1) 仕 入 帳

**仕入帳**には，仕入取引の日付，仕入先，代金決済の方法，商品名，数量，単価，金額を記入する。仕入諸掛は，仕入原価に含め，仕入戻しは赤字で記入する。決算の時には，総仕入高からそれを控除して純仕入高を計算し，締め切る。仕入勘定の金額（借方残高）と照合することによって記帳の誤りを発見することができる。

**例題6－2**

次の取引を仕入帳に記入しなさい。

6月1日　P商店からA商品￥10,000（50個×@￥200）を仕入れた。代金のうち￥4,000は小切手で支払い，残額は掛けとした。なお，引取運賃￥1,000は現金で支払った。

3日　上記商品のうち10個に品違いがあったので返品し，代金は買掛金と相殺した。

6日　Q商店からA商品￥19,000（100個×@￥190）とB商品￥15,000（50個×@￥300）を仕入れ，代金はA商品については小切手を振り出して支払い，B商品は掛けとした。

**解　答**

仕　入　帳

| 日付 | | 摘　　要 | | 内　訳 | 金　額 |
|---|---|---|---|---|---|
| 6 | 1 | P商店 | 小切手・掛 | | |
| | | 　A商品　50個　@￥200 | | 10,000 | |
| | | 　引取運賃現金払い | | 1,000 | 11,000 |
| | **3** | P商店 | 掛戻し | | |
| | | 　**A商品　10個　@￥200** | | | **2,000** |
| | 6 | Q商店 | 小切手・掛 | | |
| | | 　A商品　100個　@￥190 | | 19,000 | |

| | | | | |
|---|---|---|---|---|
| | B商品　50個　@¥300 | | 15,000 | 34,000 |
| 30 | | 総仕入高 | | 45,000 |
| 〃 | | **仕入戻し高** | | **2,000** |
| | | 純仕入高 | | 43,000 |

**解　説**

取引の仕訳を示すと以下のようになる。

| | | | | | | |
|---|---|---|---|---|---|---|
| 6/1 | （借）仕　　入 | 11,000 | （貸） | 当座預金 | 4,000 |
| | | | | 買掛金 | 6,000 |
| | | | | 現　　金 | 1,000 |

仕入諸掛は，仕入代金を構成するので仕入帳に記載する。

| | | | | | |
|---|---|---|---|---|---|
| 6/3 | （借）買掛金 | 2,000 | （貸） | 仕　　入 | 2,000 |
| 6/6 | （借）仕　　入 | 34,000 | （貸） | 当座預金 | 19,000 |
| | | | | 買掛金 | 15,000 |

## (2) 売上帳

**売上帳**には，売上取引の日付，売上先，代金決済の方法，商品名，数量，単価，金額を記入する。売上戻りは赤字で記入する。決算の時には，総売上高からそれを控除して純売上高を計算し，締め切る。売上勘定の金額（貸方残高）と照合することによって記帳の誤りを発見することができる。

**例題６－３**

次の取引を売上帳に記入しなさい。

6月2日　R商店にA商品を¥6,000（20個×@¥300）で販売し，代金は掛けとした。

4日　上記商品のうち２個に品違いがあったので返品され，代金は売掛金と相殺した。

8日　S商店にA商品¥15,000（50個×@¥300）とB商品¥4,000（10個×@¥400）で販売した。代金は，A商品については同店振り出しの小切手で受け取り，B商品は掛けとした。なお，当店負担の発送運賃¥2,000は現金で支払った。

**解　答**

売　上　帳

| 日 | 付 | 摘　　　要 | | 内　訳 | 金　額 |
|---|---|---|---|---|---|
| 6 | 2 | R商店 | 掛 | | |
| | | A商品　20個　@¥300 | | 6,000 | 6,000 |
| | 4 | R商店 | 掛戻り | | |
| | | **A商品　2個　@¥300** | | | **600** |
| | 8 | S商店 | 小切手・掛 | | |
| | | A商品　50個　@¥300 | | 15,000 | |
| | | B商品　10個　@¥400 | | 4,000 | 19,000 |
| | 30 | | 総売上高 | | 25,000 |
| | 〃 | | **売上戻り高** | | **600** |
| | | | 純売上高 | | 24,400 |

**解　説**

| | | | | | | |
|---|---|---|---|---|---|---|
| 6/2 | (借) | 売　掛　金 | 6,000 | (貸) | 売　上 | 6,000 |
| 6/4 | (借) | 売　上 | 600 | (貸) | 売　掛　金 | 600 |
| 6/8 | (借) | 現　金 | 15,000 | (貸) | 売　上 | 19,000 |
| | | 売　掛　金 | 4,000 | | | |
| | (借) | 発　送　費 | 2,000 | (貸) | 現　金 | 2,000 |

この取引の発送運賃は，売上高の金額と関係がないので売上帳には記入されない。

## 3．商品有高帳

**商品有高帳**は，商品の種類ごとに口座を設定して，受入，払出，残高の明細をそれぞれ記入する補助簿（補助元帳）である。簿記の目的は財産の管理をすることが第一義であるから，この帳簿を作成することによって，どの商品が現在どのくらいあるかを知ることができるのである。

商品の仕入に際して，同一の商品でありながら仕入の時期，仕入先により仕入原価が異なる場合がある。こうした場合に，払出単価を何らかの方法によって決定しなければならない。払出単価の決定方法にはいくつかの方法があるが，本書では先入先出法と移動平均法を説明する。

### (1) 先入先出法

先入先出法は，先に受け入れた商品から，先に払い出すものと考えて払出単価を決定する方法であり，買入順法ともいわれる。

### (2) 移動平均法

移動平均法は，異なる単価で商品を受け入れる都度，総在庫数量で総在庫金額を除して平均単価を順次算出する方法である。したがって，新たに異なる単価で商品を受け入れるたびに払出単価が変動する。

**例題 6 − 4**

次の資料に基づいて先入先出法と移動平均法による商品有高帳を作成しなさい。

A 商品の 6 月中の仕入・売上取引

| | | | |
|---|---|---|---|
| 6 月 1 日 | 前期繰越 | 40個 | @￥180 |
| 6 日 | T 商店より仕入 | 60個 | @￥180 |
| 15日 | U 商店へ売上 | 70個 | @￥250 |
| 22日 | V 商店から仕入 | 120個 | @￥190 |
| 26日 | W商店へ売上 | 100個 | @￥260 |

## 解　答

商品有高帳

先入先出法　　　　　　　　　A商品

| 日付 | | 摘要 | 受入 | | | 払出 | | | 残高 | | |
|---|---|---|---|---|---|---|---|---|---|---|---|
| | | | 数量 | 単価 | 金額 | 数量 | 単価 | 金額 | 数量 | 単価 | 金額 |
| 6 | 1 | 前月繰越 | 40 | 180 | 7,200 | | | | 40 | 180 | 7,200 |
| | 6 | T 商 店 | 60 | 180 | 10,800 | | | | 100 | 180 | 18,000 |
| | 15 | U 商 店 | | | | 70 | 180 | 12,600 | 30 | 180 | 5,400 |
| | 22 | V 商 店 | 120 | 190 | 22,800 | | | | 30 | 180 | 5,400 |
| | | | | | | | | | 120 | 190 | 22,800 |
| | 26 | W 商 店 | | | | 30 | 180 | 5,400 | | | |
| | | | | | | 70 | 190 | 13,300 | 50 | 190 | 9,500 |
| | **30** | **次月繰越** | | | | **50** | **190** | **9,500** | | | |
| | | | 220 | | 40,800 | 220 | | 40,800 | | | |
| 7 | 1 | 前月繰越 | 50 | 190 | 9,500 | | | | 50 | 190 | 9,500 |

6/ 6　T商店からの仕入単価は前月繰越の単価と変わりないので単純に加算して残高に記入する。

6/15　U商店への売上取引は，数量が70個であるので払出欄に残高の単価を払出単価として用いて記入する。売価を用いないのは，商品の在庫を示す帳簿であるので原価ベースで記載されなければならず，ここで売価は商品有高帳にとって関係ないものであるからである。

6/22　V商店から仕入をしたが，これまでの単価と異なる単価で受け入れたため，これまでの単価の商品と区別するために，先に受け入れてあった数量・単価・残高を上に記載し，V商店から仕入れた数量・単価・残高をその下に記載する。

6/26　W商店に100個販売したが，先入先出法であるので先に仕入れていた単価￥180の商品から払い出し，次に単価￥190の商品を払い出すように記載する。

商品有高帳

移動平均法　　　　　　　　　　A商品

| 日付 | | 摘要 | 受入 | | | 払出 | | | 残高 | | |
|---|---|---|---|---|---|---|---|---|---|---|---|
| | | | 数量 | 単価 | 金額 | 数量 | 単価 | 金額 | 数量 | 単価 | 金額 |
| 6 | 1 | 前月繰越 | 40 | 180 | 7,200 | | | | 40 | 180 | 7,200 |
| | 6 | T 商 店 | 60 | 180 | 10,800 | | | | 100 | 180 | 18,000 |
| | 15 | U 商 店 | | | | 70 | 180 | 12,600 | 30 | 180 | 5,400 |
| | 22 | V 商 店 | 120 | 190 | 22,800 | | | | 150 | 188 | 28,200 |
| | 26 | W 商 店 | | | | 100 | 188 | 18,800 | 50 | 188 | 9,400 |
| | **30** | **次月繰越** | | | | **50** | **188** | **9,400** | | | |
| | | | 220 | | 40,800 | 220 | | 40,800 | | | |
| 7 | 1 | 前月繰越 | 50 | 188 | 9,400 | | | | 50 | 188 | 9,400 |

6/22　異なる単価で商品を受け入れたため，A商品のこれまでの数量を加算して150個として新たに平均を出して単価を算出する。

（¥5,400＋¥22,800）÷150個＝¥188

6/26　W商店に販売する際に上記¥188の単価を用いて払出単価とする。

## 4．売上原価の計算

### (1)　売上総利益と売上原価

分記法では，販売が行われる都度，売価と原価の差額によって算定される利益を商品売買益勘定の貸方に記入する。この利益は，**売上総利益**と呼ばれ，以下の算式で求めることができる。

**売上総利益（商品売買益）＝純売上高－売上原価**

これに対して3分法では，決算日において，売上総利益を求めるために，売上原価を算定するための処理を行う必要がある。**売上原価**とは，販売によって払い出された商品の原価をいい，以下の算式で求めることができる。

**売上原価＝期首商品棚卸高＋純仕入高－期末商品棚卸高**

**期首商品棚卸高**とは，前期から繰り越された商品有高（期首の在庫）であり，純仕入高は，当期間中の総仕入高から仕入戻しを控除したものであり，**期末商品棚卸高**は，次期へ繰り越す商品有高（期末の在庫）である。

**例題 6－5**

次の資料に基づいて，売上原価と売上総利益を求めなさい。

| | | |
|---|---|---|
| (1) | 期首商品棚卸高 | ￥50,000 |
| (2) | 総仕入高 | ￥160,000 |
| (3) | 仕入戻し | ￥10,000 |
| (4) | 期末商品棚卸高 | ￥40,000 |
| (5) | 総売上高 | ￥285,000 |
| (6) | 売上戻り | ￥25,000 |

**解　答**

| | | |
|---|---|---|
| 売上原価 | ￥160,000 | 売上原価＝期首商品棚卸高＋純仕入高－期末商品棚卸高 |
| | | 160,000＝50,000＋（160,000－10,000）－40,000 |
| 売上総利益 | ￥100,000 | 売上総利益（商品売買益）＝純売上高－売上原価 |
| | | 100,000＝（285,000－25,000）－160,000 |

### (2) 売上原価に関する決算整理仕訳

3分法では，商品売買取引を仕入・売上・繰越商品の3つの勘定で処理する方法であることは説明した。よって決算時には，これらの勘定を用いて売上原価の算定がなされる。仕訳には複数の方法があるが，ここでは，最も一般的な仕入勘定で売上原価を算定する方法を示す。

仕入勘定の借方残高は，すでに純仕入高を表している。そこでまず，仕入勘定に期首商品棚卸高を加算するために，①それが記入されている繰越商品勘定の残高を仕入勘定に振り替える。次に，仕入勘定から期末商品棚卸高を減算するために，②決算で確定された期末商品棚卸高を仕入勘定から繰越商品勘定に振り替える。これを**決算整理仕訳**（決算修正仕訳）という。

| | | | | | |
|---|---|---|---|---|---|
| ① | （借）仕　　　　入 | ×× | （貸）繰　越　商　品 | ×× |
| ② | （借）繰　越　商　品 | ×× | （貸）仕　　　　入 | ×× |

## 例題６－６

次の資料に基づいて，必要な決算整理仕訳を示しなさい。また，繰越商品勘定と仕入勘定に転記しなさい。なお，売上原価は仕入勘定で算定すること。

期首商品棚卸高　￥2,000
当期商品仕入高　￥50,000
期末商品棚卸高　￥3,000

繰越商品

| | |
|---|---|
| 前期繰越　2,000 | |

仕　入

| | |
|---|---|
| 50,000 | |

## 解　答

| | | | | | |
|---|---|---|---|---|---|
| （借） | 仕　　　　入 | 2,000 | （貸） | 繰越商品 | 2,000 |
| （借） | 繰越商品 | 3,000 | （貸） | 仕　　　　入 | 3,000 |

繰越商品

| | |
|---|---|
| 前期繰越　2,000 | 仕　入　2,000 |
| 仕　入　3,000 | |

仕　入

| | |
|---|---|
| 50,000 | 繰越商品　3,000 |
| 繰越商品　2,000 | |

## 解　説

売上原価（＝期首商品棚卸高￥2,000＋当期商品仕入高￥50,000－期末商品棚卸高￥3,000）を仕入勘定で算定するための決算整理仕訳を行う。このとき，仕入勘定には，すでに当期商品仕入高￥50,000が借方残高として示されている。

そこで，１つ目の仕訳では，期首商品棚卸高が記入されている繰越商品勘定の残高￥2,000を仕入勘定に振り替えた。これによって，仕入勘定の借方には，当期商品仕入高￥50,000と期首商品棚卸高￥2,000が記入された状態となった。また，繰越商品勘定の残高は￥０となった。

次に，２つ目の仕訳では，決算で確定された期末商品棚卸高￥3,000を仕入勘定から繰越商品勘定に振り替えた。これによって，仕入勘定の貸方には，期末商品棚卸高￥3,000が記入された。

以上により，仕入勘定の借方残高が売上原価￥49,000となった。また，繰越商品勘定の残高が期末商品棚卸高￥3,000となった。なお，これは次期における期首商品棚卸高となる。

### (3) 売上総利益算定のための決算振替仕訳

前述したように売上総利益は，売上高から売上原価を控除して算出される。売上原価の算定と同様に，売上総利益の算定も仕訳と勘定を用いて処理をする必要がある。すべての収益と費用を集計する損益勘定で当期純利益が算定されるため，収益である売上高と費用である売上原価は，損益勘定に振り替えることによって，売上総利益の算定もなされることになる。その仕訳を示すと以下のようになる。

(借) 売　上　××　(貸) 損　益　××←売上高の損益勘定への振替え
(借) 損　益　××　(貸) 仕　入　××←売上原価の損益勘定への振替え

この仕訳を勘定記入によって表すならば以下のような関係になる。

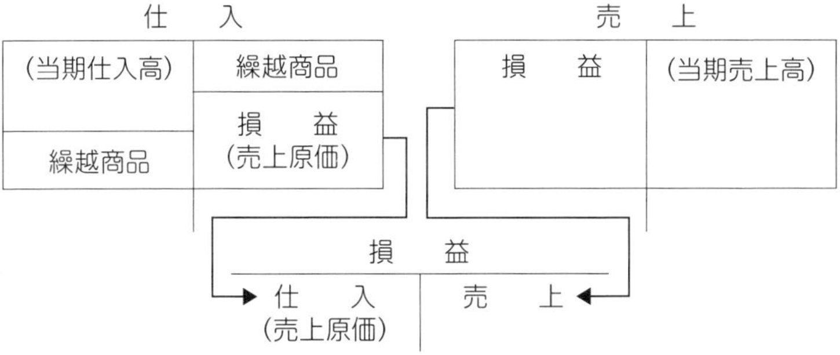


**例題 6－7**

次の資料に基づいて，決算整理仕訳および決算振替仕訳を示し，各勘定に転記し，締切りなさい。ただし，損益勘定は締め切らなくてよい。また，売上原価は仕入勘定で算定することとし，決算日は12月31日とする。

期首商品棚卸高　¥ 24,000
当 期 仕 入 高　¥200,000
期末商品棚卸高　¥ 20,000
当 期 売 上 高　¥300,000
売 上 戻 り 高　¥ 30,000

## 解　答

決算整理仕訳

| | | | | | |
|---|---|---|---|---|---|
| (借) | 仕　　　　入 | 24,000 | (貸) | 繰　越　商　品 | 24,000 |
| (借) | 繰　越　商　品 | 20,000 | (貸) | 仕　　　　入 | 20,000 |

決算振替仕訳

| | | | | | |
|---|---|---|---|---|---|
| (借) | 売　　　　上 | 270,000 | (貸) | 損　　　　益 | 270,000 |
| (借) | 損　　　　益 | 204,000 | (貸) | 仕　　　　入 | 204,000 |

繰越商品

| | | | | | |
|---|---|---|---|---|---|
| 1/1 | 前期繰越 | 24,000 | 12/31 | 仕　入 | 24,000 |
| 12/31 | 仕　入 | 20,000 | 〃 | **次期繰越** | 20,000 |
| | | 44,000 | | | 44,000 |
| 1/1 | 前期繰越 | 20,000 | | | |

仕　入

| | | | | | |
|---|---|---|---|---|---|
| | | 200,000 | 12/31 | 繰越商品 | 20,000 |
| 12/31 | 繰越商品 | 24,000 | 〃 | 損　益 | 204,000 |
| | | 224,000 | | | 224,000 |

売　上

| | | | | | |
|---|---|---|---|---|---|
| | | 30,000 | | | 300,000 |
| 12/31 | 損　益 | 270,000 | | | |
| | | 300,000 | | | 300,000 |

損　益

| | | | | | |
|---|---|---|---|---|---|
| 12/31 | 仕　入 | 204,000 | 12/31 | 売　上 | 270,000 |

## 解　説

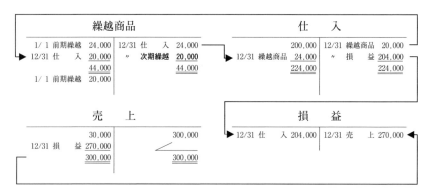

決算整理仕訳の１つ目では，期首商品棚卸高が記入されている繰越商品勘定の残高¥24,000を仕入勘定に振り替えた。２つ目では，決算で確定された期末商品棚卸高¥20,000を仕入勘定から繰越商品勘定に振り替えた。これらの仕訳により，仕入勘定で売上原価を算定した。すなわち，仕入勘定の借方には期首商品棚卸高¥24,000と当期商品仕入高¥200,000が記入され，貸方には期末商品棚卸高¥20,000が記入されたので，借方残高¥204,000が売上原価となった。

決算振替仕訳の１つ目では，収益の勘定である売上勘定の残高¥270,000を損益勘定に振り替えた。２つ目では，費用の勘定であり，決算整理仕訳によって売上原価を算定した仕入勘定の残高¥204,000を損益勘定に振り替えた。

# 第7章 売掛金・買掛金

学習のポイント

① 商品を掛けで売買したときに生じる売掛金・買掛金勘定の処理方法を学ぶ。
② 売掛金元帳と買掛金元帳の役割と記入方法を学ぶ。
③ 貸倒引当金の設定方法と貸倒の処理方法を学ぶ。
④ クレジットカード払いによる商品販売の処理方法を学ぶ。

## 1．掛け取引の記帳

商品の売買に伴ってその代金を後日受け取ることとした場合の債権，また，代金を後日支払うこととした債務は，**売掛金**勘定（資産の勘定）と**買掛金**勘定（負債の勘定）で処理される。商品を掛けで販売したときは，売掛金勘定の借方に記入し，売掛金の回収や商品の返品があったときは，売掛金勘定の貸方に記入する。また，商品を掛けで仕入れたときは，買掛金勘定の貸方に記入し，買掛金の支払いや商品の返品があったときは，買掛金勘定の借方に記入する。

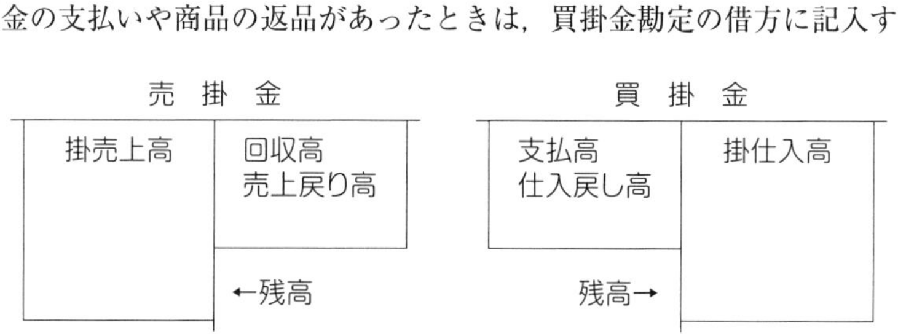

これまでの説明でも示してきたが，商品の掛け取引の記帳は，前述の売掛金・買掛金勘定を用いるが，**人名勘定**というものを使用する方法もある。

掛け取引をしている取引先は，多数あるのが普通である。そこで売掛金・買掛金勘定だけで記帳処理をしていると，個々の取引先ごとの売掛金・買掛金がどれだけあるかを把握することは困難となる。したがって，取引先ごとの支払能力を見極め，取引先との掛け取引を円滑に行い，売掛金・買掛金の管理をするためには，取引先ごとの掛け代金の増減・残高を把握できるようにすることが必要となる。このため，売掛金・買掛金勘定の代わりに各取引先（得意先または仕入先）ごとにそれぞれの人名（商店名）を付した勘定を設定し，記録する方法が採用されることがある。このように取引先の人名を付した勘定を人名勘定という。

しかし，人名勘定のみを用いて売掛金や買掛金を処理した場合，取引先が多数の大規模企業になると売掛金や買掛金の総額を把握することがかえって煩雑となるという欠点が生じる。そこで主要簿（総勘定元帳）では，売掛金および買掛金元帳を使用し，補助簿（補助元帳）として得意先および仕入先ごとの人名勘定を設けて債権・債務の発生と消滅を記録するという方法がとられる。この補助簿は，売掛金元帳（得意先元帳）と買掛金元帳（仕入先元帳）と呼ばれる。このとき総勘定元帳に設けられる売掛金・買掛金勘定は，それら補助簿を統括することから，**統括勘定**または**統制勘定**といわれる。

たとえば，ある商店に商品を掛け売りしたときは，売掛金勘定の借方に記入すると同時に，売掛金元帳のその商店を示す人名勘定の借方に記入する。そして売掛代金の回収をしたときは，それぞれの勘定の貸方に記入する。また，商品を掛けで仕入れたときには，買掛金勘定の貸方に記入すると同時に，買掛金元帳の当該商店を示す人名勘定の貸方に記入する。買掛金の代金の支払いをしたときは，それぞれの勘定の借方に記入する。

## 例題7－1

次の取引について人名勘定を用いて仕訳をし，総勘定元帳の売掛金勘定に転記するとともに売掛金元帳の各人名勘定に記入しなさい。

(1)　A商店に掛けで商品￥90,000を販売した。

(2)　A商店から上記掛け代金のうち￥40,000を現金で受け取った。

(3)　B商店に掛けで商品￥20,000を販売した。

(4)　B商店に売り上げた商品について￥1,000の返品を受けた。

総勘定元帳

売掛金

| | | | |
|---|---|---|---|
| 前期繰越 | 10,000 | | |

売掛金元帳

A商店

| | | | |
|---|---|---|---|
| 前期繰越 | 6,000 | | |

B商店

| | | | |
|---|---|---|---|
| 前期繰越 | 4,000 | | |

## 解答

| | | | | | |
|---|---|---|---|---|---|
| (1) | (借) A商店 | 90,000 | (貸) 売上 | 90,000 |
| (2) | (借) 現金 | 40,000 | (貸) A商店 | 40,000 |
| (3) | (借) B商店 | 20,000 | (貸) 売上 | 20,000 |
| (4) | (借) 売上 | 1,000 | (貸) B商店 | 1,000 |

総勘定元帳

売掛金

| | | | |
|---|---|---|---|
| 前期繰越 | 10,000 | 現金 | 40,000 |
| 売上 | 90,000 | 売上 | 1,000 |
| 売上 | 20,000 | | |

売掛金元帳

A商店

| | | | |
|---|---|---|---|
| 前期繰越 | 6,000 | 現金 | 40,000 |
| 売上 | 90,000 | | |

B商店

| | | | |
|---|---|---|---|
| 前期繰越 | 4,000 | 売上 | 1,000 |
| 売上 | 20,000 | | |

## 例題 7－2

次の取引について人名勘定を用いて仕訳をし，総勘定元帳の買掛金勘定に転記するとともに買掛金元帳の各人名勘定に記入しなさい。

(1) C商店から掛けで商品￥50,000を仕入れた。

(2) C商店に上記掛け代金のうち￥30,000を現金で支払った。

(3) D商店から掛けで商品￥20,000を仕入れた。

**総勘定元帳**

買掛金

| | |
|---|---|
| | 前期繰越 10,000 |

**買掛金元帳**

C商店

| | |
|---|---|
| | 前期繰越 4,000 |

D商店

| | |
|---|---|
| | 前期繰越 6,000 |

## 解答

| | | | | | | |
|---|---|---|---|---|---|---|
| (1) | (借) | 仕入 | 50,000 | (貸) | C商店 | 50,000 |
| (2) | (借) | C商店 | 30,000 | (貸) | 現金 | 30,000 |
| (3) | (借) | 仕入 | 20,000 | (貸) | D商店 | 20,000 |

**総勘定元帳**

買掛金

| | |
|---|---|
| 現金 30,000 | 前期繰越 10,000 |
| | 仕入 50,000 |
| | 仕入 20,000 |

**買掛金元帳**

C商店

| | |
|---|---|
| 現金 30,000 | 前期繰越 4,000 |
| | 仕入 50,000 |

D商店

| | |
|---|---|
| | 前期繰越 6,000 |
| | 仕入 20,000 |

**解　説**

このように買掛金元帳は，買掛金勘定の内訳を示すことになる。したがって買掛金勘定の残高と買掛金元帳の残高合計は一致する。解答の総勘定元帳である買掛金勘定は，買掛金元帳に設定されている各人名勘定を統括する結果となっている。このことから買掛金勘定は人名勘定の統制勘定ともいわれる。

**例題７－３**

次の取引を仕訳し，総勘定元帳の売掛金勘定に転記し，さらに売掛金元帳にも記入し締め切りなさい。また売掛金明細表も示しなさい。

７月15日　Ｅ商店に商品￥60,000を，Ｆ商店に商品￥50,000を掛けで販売した。

７月16日　Ｆ商店から品違いのため商品￥5,000が返品された。

７月22日　売掛金の回収としてＥ商店から￥30,000，Ｆ商店から￥20,000を小切手で受け取った。

**解　答**

| | | | | | | |
|---|---|---|---|---|---|---|
| ７月15日 | （借）売　掛　金 | 110,000 | （貸）売　上 | 110,000 |
| 16日 | （借）売　上 | 5,000 | （貸）売　掛　金 | 5,000 |
| 22日 | （借）現　金 | 50,000 | （貸）売　掛　金 | 50,000 |

総　勘　定　元　帳

売　掛　金

| | | | | | |
|---|---|---|---|---|---|
| 7/15 | 売　上 | 110,000 | 7/16 | 売　上 | 5,000 |
| | | | 22 | 現　金 | 50,000 |
| | | | 31 | 次月繰越 | 55,000 |
| | | 110,000 | | | 110,000 |
| 8/1 | 前月繰越 | 55,000 | | | |

売掛金元帳

E 商 店

| 日付 | | 摘要 | 借方 | 貸方 | 借または貸 | 残高 |
|---|---|---|---|---|---|---|
| 7 | 15 | 売上 | 60,000 | | 借 | 60,000 |
| | 22 | 入金(小切手) | | 30,000 | 〃 | 30,000 |
| | **31** | **次月繰越** | | **30,000** | | |
| | | | 60,000 | 60,000 | | |
| 8 | 1 | 前月繰越 | 30,000 | | 借 | 30,000 |

F 商 店

| 日付 | | 摘要 | 借方 | 貸方 | 借または貸 | 残高 |
|---|---|---|---|---|---|---|
| 7 | 15 | 売上 | 50,000 | | 借 | 50,000 |
| | 16 | 返品 | | 5,000 | 〃 | 45,000 |
| | 22 | 入金(小切手) | | 20,000 | 〃 | 25,000 |
| | **31** | **次月繰越** | | **25,000** | | |
| | | | 50,000 | 50,000 | | |
| 8 | 1 | 前月繰越 | 25,000 | | 借 | 25,000 |

売掛金明細表

7月31日

| | |
|---|---|
| E商店 | 30,000 |
| F商店 | 25,000 |
| 合計 | 55,000 |

## 2. 貸倒れの処理

### (1) 貸倒れ

売掛金や第8・9章で扱う受取手形や貸付金が得意先の倒産などが原因で回収できないことがある。このように債権が回収不能になることを**貸倒れ**という。

貸倒れが生じたときは，**貸倒損失勘定**（費用の勘定）の借方に記入して処理をする。

また，過年度に貸倒れとして処理した売掛金が，当期になって回収されることがある。この場合には，回収金額を**償却債権取立益**（収益の勘定）の貸方に記入する。

**例題7－4**

得意先のG商店が倒産したため，同店に対する売掛金￥80,000が回収不能になった。

**解　答**

| | | | | |
|---|---|---|---|---|
| （借） | 貸 倒 損 失 | 80,000 | （貸）売　掛　金 | 80,000 |

**解　説**

売掛金（営業債権）￥80,000が回収不能となったので，これを減少させるために，売掛金勘定の貸方に￥80,000を記入する。また，これによって貸倒損失という費用が発生したので，貸倒損失勘定の借方に￥80,000を記入する。

**例題7－5**

前期に貸倒れとして処理したH商店に対する売掛金￥50,000のうち￥30,000を現金で回収した。

**解　答**

| | | | | |
|---|---|---|---|---|
| （借） | 現　　　金 | 30,000 | （貸）償却債権取立益 | 30,000 |

**解　説**

前期に貸倒損失として費用の額を確定している。そのためそれを修正することはできないので，回収した期間の収益として計上する。

## (2) 貸倒れの見積もり

決算日における売掛金や受取手形などの売上債権の残高は，そのすべてを次期以降に回収できるとは限らない。なぜなら，得意先が倒産するなどの恐れがあるからである。

そこで決算日には，将来に貸倒れが生じる金額を実績に基づいて見積り，これを当期の費用として計上するとともに，売掛金や受取手形を回収可能額に評価替えする処理を行う。これを**貸倒れの見積もり**という。

たとえば，当期末に生じた売掛金の一部が次期に貸倒れた場合には，その原因は当期に掛けで販売したことにあるので，それを次期の費用とすることは合理的ではない。そのため，決算日時点では貸倒れが生じていなくても，将来に貸倒れが生じると見積もられた金額だけ当期の費用とする。

具体的には，**貸倒引当金繰入勘定**（費用の勘定）の借方に記入するとともに，**貸倒引当金勘定**（資産の評価勘定：たとえば売掛金から控除する勘定）の貸方に記入する。この仕訳は，決算整理仕訳の１つである。

なお，貸倒引当金の設定が行われたのち，次期以降に実際に（たとえば売掛金の）貸倒れが生じたときには，すでに学習したように売掛金勘定の貸方に記入し，その金額が貸倒引当金の設定金額の範囲内ならば，貸倒引当金勘定の借方に記入し，その金額が貸倒引当金の設定金額を超えたならば，その分を貸倒損失勘定の借方に記入する。

**例題７－６**

次の一連の取引の仕訳をしなさい。

01年12月31日　決算日となり，売掛金の期末残高￥1,000,000に対して２％の貸倒れを見積もる。ただし，貸倒引当金の残高は￥０であった。

02年１月25日　前期にＩ商店に商品を掛け販売していたが，同店が倒産し売掛金￥12,000が貸倒れになった。

02年３月10日　前期にＪ商店に商品を掛け販売していたが，同店が倒産し売掛金￥10,000が貸倒れになった。

## 解　答

| | | | | | | |
|---|---|---|---|---|---|---|
| 01年12月31日 | （借） | 貸倒引当金繰入 | 20,000 | （貸） | 貸倒引当金 | 20,000 |
| 02年 1月25日 | （借） | 貸倒引当金 | 12,000 | （貸） | 売掛金 | 12,000 |
| 02年 3月10日 | （借） | 貸倒引当金 | 8,000 | （貸） | 売掛金 | 10,000 |
| | | 貸倒損失 | 2,000 | | | |

## 解　説

貸借対照表（01年12月31日）においては，貸倒引当金は以下のように売掛金から控除するかたちで表示される。貸倒引当金の控除後の金額￥980,000が売掛金の残高￥1,000,000の回収可能額（評価額）となる。

貸借対照表

| | | | |
|---|---|---|---|
| 現金 | | ×× | |
| 売掛金 | 1,000,000 | | |
| 貸倒引当金 | 20,000 | 980,000 | |

貸倒引当金の設定方法には，差額補充法と洗替法があるが，本書では差額補充法について説明する。

**差額補充法**は，貸倒引当金を期末に新たに設定するときに，貸倒引当金の残高がある場合，その残高に新たに算出された貸倒引当金の金額との差額を追加計上する方法である。その際に，前期からの貸倒引当金の残高の方が，新たに設定する引当金の金額よりも大きい場合には，**貸倒引当金戻入勘定**（収益の勘定）の貸方に記入する。

## 例題 7－7

次の一連の取引の仕訳をしなさい。

01年12月31日　決算日となり，売掛金の期末残高￥1,000,000に対して３％の貸倒れを見積もった。ただし，貸倒引当金の残高が￥8,000ある。

02年４月12日　前期にＫ商店に商品を掛け販売していたが，同店が倒産し売掛金￥12,000が回収不能となった。

02年12月31日　売掛金の期末残高￥500,000に対して３％の貸倒れを見積もった。

**解 答**

| | | | | | |
|---|---|---|---|---|---|
| 01年12月31日 | （借）貸倒引当金繰入 | 22,000 | （貸）貸 倒 引 当 金 | 22,000 |
| 02年 4 月12日 | （借）貸 倒 引 当 金 | 12,000 | （貸）売 掛 金 | 12,000 |
| 02年12月31日 | （借）貸 倒 引 当 金 | 3,000 | （貸）貸倒引当金戻入 | 3,000 |

**解 説**

01年12月31日：貸倒引当金の設定金額は￥1,000,000×3％＝￥30,000であるが，貸倒引当金の残高が￥8,000あるので￥30,000－￥8,000＝￥22,000の追加計上となる。

02年12月31日：貸倒引当金の設定金額は￥500,000×3％＝￥15,000であるが，貸倒引当金の残高が￥18,000（￥30,000－￥12,000）あるので￥15,000－￥18,000＝－￥3,000の追加計上となる。つまり，貸倒引当金を戻し入れることになる。

## 3．クレジット売掛金

商品を販売したときに，顧客からクレジットカードが呈示されることで，その代金の支払いが行われることがある。このときに生じた債権は，**クレジット売掛金勘定**（資産の勘定）で処理する。

すでに学習したように，商品を販売し，代金を後日受け取ることとした場合に生じる債権は，売掛金勘定（資産の勘定）で処理する。これは，顧客から代金を後日回収するものであり，顧客に対する債権である。これに対し，顧客からクレジットカードが呈示されることによって代金が支払われた場合には，顧客に対する債権ではなく，クレジットカード会社に対する債権が生じる。よって，両者を区別するために，異なる勘定を使用する。

なお，このようにクレジットカードによって支払われたときには，企業は一定の手数料をクレジットカード会社に対して支払うことになる。この手数料は，**支払手数料勘定**（費用の勘定）で処理する。

**例題 7－8**

次の取引の仕訳を示しなさい。

7月5日　顧客に対して商品を¥120,000で販売し，代金はクレジットカード払いの条件とした。なお，クレジットカード会社に対する手数料4％は，販売時に費用として計上する。

7月13日　7月5日に販売した商品の代金がクレジットカード会社から当座預金口座に振り込まれた。

**解　答**

| | | | | | | |
|---|---|---|---|---|---|---|
| 7月5日 | （借） | クレジット売掛金 | 115,200 | （貸） | 売　上 | 120,000 |
| | | 支払手数料 | 4,800 | | | |
| 7月13日 | （借） | 当座預金 | 115,200 | （貸） | クレジット売掛金 | 115,200 |

**解　説**

7月5日は，商品を¥120,000で販売したので，売上勘定（収益の勘定）の貸方に¥120,000を記入する。また，これはクレジットカード払いの条件による販売であり，手数料4％（¥120,000×4％＝¥4,800）は販売時に計上するので，クレジット売掛金勘定（資産の勘定）の借方に¥115,200（＝¥120,000－¥4,800）を記入し，支払手数料勘定（費用の勘定）の借方に¥4,800を記入する。

7月13日は，7月5日に生じた債権を当座預金口座で回収したので，クレジット売掛金勘定の貸方に¥115,200を記入し，当座預金勘定の借方に¥115,200を記入する。

# 第8章

# その他債権・債務

**学習のポイント**

① 前章で学習した売掛金・買掛金以外の債権・債務の取引について学ぶ。
② 商品券を用いた商品売買取引の処理方法を学ぶ。

## 1．貸付金・借入金

企業は経営活動を営む中で，取引先や従業員などに対して借用証書によって金銭を貸し付ける場合がある。このとき発生する債権（貸し付けた金銭の返済を請求する権利）を**貸付金**といい，**貸付金勘定**（資産の勘定）を設けて処理する。すなわち，金銭を貸し付けた場合に貸付金勘定の借方に記入し，返済を受けた場合に貸付金勘定の貸方に記入する。

また，企業は金融機関や他企業から借用証書によって金銭を借り入れる場合がある。このとき発生する債務（借り入れた金銭を返済する義務）を**借入金**といい，**借入金勘定**（負債の勘定）を設けて処理する。すなわち，金銭を借り入れた場合に借入金勘定の貸方に記入し，返済した場合に借入金勘定の借方に記入する。

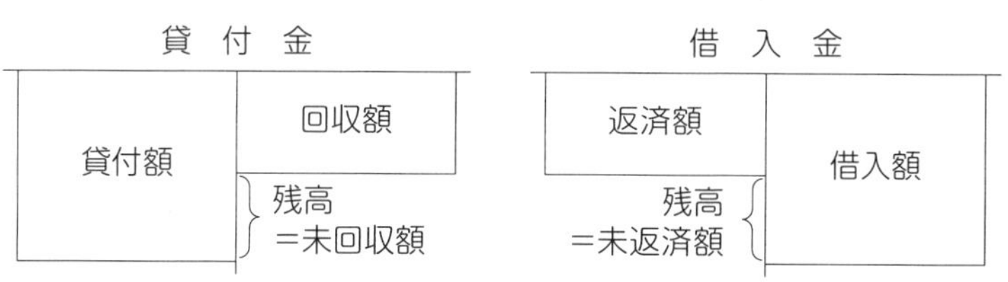

### 例題 8－1

次の取引について，両店の仕訳を示しなさい。

(1) 東京商店は，埼玉商店に対して借用証書により現金￥300,000を貸し付けた。貸付期間は6カ月，年利率は5％である。

(2) 東京商店は，上記貸付金の返済期日に，埼玉商店より貸付金を利息とともに同店振出しの小切手で受け取った。

### 解答

| | | | | | | |
|---|---|---|---|---|---|---|
| (1) | 東京商店： | (借) 貸付金 | 300,000 | (貸) 現金 | 300,000 |
| | 埼玉商店： | (借) 現金 | 300,000 | (貸) 借入金 | 300,000 |
| (2) | 東京商店： | (借) 現金 | 307,500 | (貸) 貸付金 | 300,000 |
| | | | | 受取利息 | 7,500 |
| | 埼玉商店： | (借) 借入金 | 300,000 | (貸) 当座預金 | 307,500 |
| | | 支払利息 | 7,500 | | |

### 解説

(1) 借用証書によって金銭を貸し付ける場合には貸付金勘定を，借り入れる場合には借入金勘定を用いて処理する。

(2) 利息を受け取った場合には受取利息勘定（収益の勘定）の貸方へ記入し，利息を支払った場合には支払利息勘定（費用の勘定）の借方へ記入する。なお，借入金（貸付金）の利息の計算は次のように行う。

$$\text{利息額（月割り計算）} = \text{元金} \times \text{年利率} \times \frac{\text{借入（貸付）月数}}{\text{12カ月}}$$

$$\text{利息額（日割り計算）} = \text{元金} \times \text{年利率} \times \frac{\text{借入（貸付）日数}}{\text{365日}}$$

本例題では，元金が￥300,000，年利率が5％，貸付月数が6カ月であるから利息額は，次のように計算される。

$$￥300,000 \times 5\% \times \frac{\text{6カ月}}{\text{12カ月}} = ￥7,500$$

## 2．未収入金・未払金

企業の主たる営業活動である商品売買において，代金を後日受け取ったり支払ったりする場合に発生する債権・債務は，売掛金勘定と買掛金勘定で処理する。しかし，企業では社債や株式などの有価証券や，土地，建物，自動車，パソコンなどの固定資産の売買も行っている。こうした商品以外の物品やサービスの売買において，代金を後日受け取ることにする場合に発生する債権（金銭の支払いを請求する権利）は**未収入金**と呼ばれ，**未収入金勘定**（資産の勘定）で処理する。一方，代金を後日支払うことにする場合に発生する債務（金銭を支払う義務）は**未払金**と呼ばれ，**未払金勘定**（負債の勘定）で処理する。

未収入金が発生したときは，未収額を債権の増加として未収入金勘定の借方に記入し，それが回収されたときに債権の減少として貸方に記入する。また，未払金が発生したときは，債務の増加として未払金勘定の貸方に記入し，それを支払ったときに債務の減少として借方に記入する。

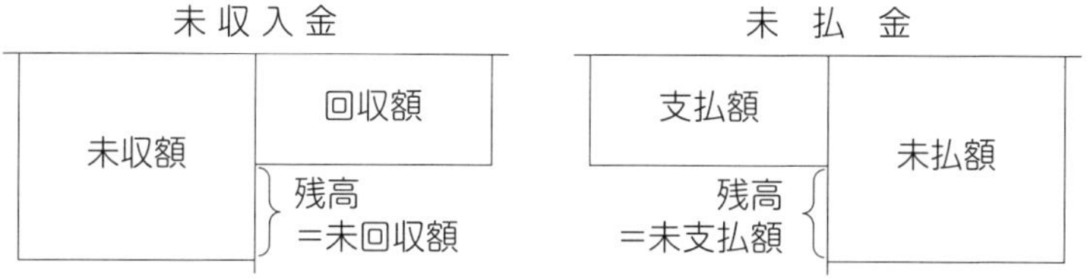


**例題 8－2**

次の取引について，両店の仕訳を示しなさい。

(1)　千葉商店は，不用になった事務用机を茨城商店に￥50,000で売却し，代金は月末に受け取ることにした。茨城商店では購入した机を事務用に利用する予定である。

(2)　月末になり，上記(1)の代金を小切手で受け取った。

(3)　栃木商店は，自動車販売業の群馬商店から営業用自動車を￥1,500,000で購入し，代金のうち￥500,000は現金で支払い，残額は翌月末に支払うことにした。

(4) 翌月末になり，上記(3)の支払期限がきたので，小切手を振り出して支払った。

解答

| | | | | | | | |
|---|---|---|---|---|---|---|---|
| (1) | 千葉商店： | (借) 未収入金 | 50,000 | (貸) 備品 | 50,000 |
| | 茨城商店： | (借) 備品 | 50,000 | (貸) 未払金 | 50,000 |
| (2) | 千葉商店： | (借) 現金 | 50,000 | (貸) 未収入金 | 50,000 |
| | 茨城商店： | (借) 未払金 | 50,000 | (貸) 当座預金 | 50,000 |
| (3) | 栃木商店： | (借) 車両運搬具 | 1,500,000 | (貸) 現金 | 500,000 |
| | | | | 未払金 | 1,000,000 |
| | 群馬商店： | (借) 現金 | 500,000 | (貸) 売上 | 1,500,000 |
| | | 売掛金 | 1,000,000 | | |
| (4) | 栃木商店： | (借) 未払金 | 1,000,000 | (貸) 当座預金 | 1,000,000 |
| | 群馬商店： | (借) 現金 | 1,000,000 | (貸) 売掛金 | 1,000,000 |

解説

(1) 千葉商店と茨城商店は，ともに事務用机の売買が主たる営業活動ではないので，千葉商店では売却した代金の後日受取額は未収入金となり，茨城商店では購入した代金の後日支払額は未払金となる。

(2) 未収入金の回収時，未払金の支払時の仕訳であるが，小切手の振出しは当座預金勘定で，小切手の受取りは現金勘定で処理する。

(3) 栃木商店は，自動車の売買が主たる営業活動ではないため，代金の後日支払額は買掛金ではなく未払金で処理する。一方，群馬商店は自動車の売買が主たる営業活動であるため，自動車の販売は売上になり，またそれに伴う代金の後日受取額は未収入金ではなく売掛金になる。

(4) 栃木商店では未払金の支払いであり，群馬商店では売掛金の回収である。

## 3．前払金・前受金

商品を仕入れる際に，商品の受取りに先立ってその代金の一部を内金もしくは手付金として支払うことがある。このとき発生する債権（支払相当額について商品の引渡しを請求する権利）を**前払金**といい，**前払金**（または前渡金）**勘**

**定**（資産の勘定）で処理する。すなわち，商品の注文などにより内金を支払ったときに前払金勘定の借方に記入し，商品を実際に受け取ったときに貸方に記入する。

また，商品を販売する際に，商品の引渡しに先立ってその代金の一部を内金もしくは手付金として受け取ることがある。このとき発生する債務（受取相当額について商品を引き渡す義務）を**前受金**といい，**前受金勘定**（負債の勘定）で処理する。すなわち，商品の注文などにより内金を受け取ったときに前受金勘定の貸方に記入し，商品を実際に引き渡したときに借方に記入する。

なお，内金と手付金の法律上の違いを明確にするために，手付金について支払手付金勘定（資産の勘定）と受取手付金勘定（負債の勘定）を用いることがある。

前払金

| | |
|---|---|
| 内金を支払ったとき | 実際に商品を受け取ったとき |

前受金

| | |
|---|---|
| 実際に商品を引き渡したとき | 内金を受け取ったとき |

**例題 8－3**

次の取引について，商店の仕訳を示しなさい。

⑴　山梨商店は，神奈川商店に商品￥100,000を注文し，内金として￥20,000を現金で支払った。

⑵　山梨商店は，神奈川商店に注文していた商品を受け取った。代金は，内金を差し引き，残額は掛けとした。

**解　答**

| | | | | | | |
|---|---|---|---|---|---|---|
| ⑴ | 山梨商店　： | （借）前払金 | 20,000 | （貸）現金 | 20,000 |
| | 神奈川商店： | （借）現金 | 20,000 | （貸）前受金 | 20,000 |
| ⑵ | 山梨商店　： | （借）仕入 | 100,000 | （貸）前払金 | 20,000 |
| | | | | 買掛金 | 80,000 |
| | 神奈川商店： | （借）前受金 | 20,000 | （貸）売上 | 100,000 |
| | | 売掛金 | 80,000 | | |

解　説

⑴　商品を注文しただけでは簿記上の取引とはならないが，内金の授受が行われているため簿記上の取引として仕訳が必要になる。その際，商品を注文した時点では売上・仕入とはならない。山梨商店は内金を支払っているので商品引渡請求権が発生（資産が増加）するため前払金勘定の借方に記入し，神奈川商店は内金を受け取っているので商品引渡義務が発生（負債が増加）するため前受金勘定の貸方に記入する。

⑵　実際に商品の受渡しが行われると，山梨商店では商品引渡請求権が消滅する（資産の減少）ため前払金勘定の貸方に記入し，神奈川商店では商品引渡義務が消滅する（負債の減少）ため前受金勘定の借方に記入する。

## 4．立替金・預り金

取引先や役員・従業員のために一時的に金銭を立て替えて支払うことがある。このとき発生する債権（金銭の返済を請求する権利）を**立替金**といい，**立替金勘定**（資産の勘定）で処理する。一時的に金銭を立替払いしたときに立替金勘定の借方に記入し，返済を受けたときに貸方に記入する。なお，役員・従業員に対するものは，取引先に対するものと区別するため，役員立替金勘定，従業員立替金勘定を用いることがある。

また，役員・従業員から一時的に金銭を預かることがある。このとき発生する債務を**預り金**といい，**預り金勘定**（負債の勘定）で処理する。一時的に金銭を預かったときに預り金勘定の貸方に記入し，その預かった金銭を適切に処理（納付したり支払ったり）したときに借方に記入する。役員・従業員に対する預り金は，役員預り金勘定，従業員預り金勘定を用いることがある。

従業員の給料の支払いに際して，企業は，従業員の所得税の源泉徴収額や健康保険料などを差し引いて支給する。これらの金額は企業が一時的に預かり，後日，国などに納めるものである。したがって，給料の支払いに際してこれらの金額について預り金勘定の貸方に記入し，納付したときに借方に記入する。なお，預り金の内容を明確にするため，所得税預り金勘定や社会保険料預り金勘定を用いることがある。

| 立替金 | |
|---|---|
| 金銭を立替払いしたとき | 返済を受けたとき |

| 預り金 | |
|---|---|
| 預り金を支払・納付したとき | 金銭を預かったとき |

## 例題8－4

次の取引を仕訳しなさい。

(1)　鹿児島商店に商品￥150,000を販売し，代金は同店振出しの小切手で受け取った。その際，鹿児島商店が負担すべき発送運賃￥10,000を現金で支払った。

(2)　鹿児島商店から(1)で支払った発送費の代金が郵便為替証書で送られてきた。

(3)　従業員に給料の前貸しとして，現金￥50,000を渡した。

(4)　本日給料日につき，給料￥300,000を支給した。その際，(3)の前貸し分と所得税の源泉徴収分￥20,000と社会保険料の従業員負担分￥10,000を差し引き，残額を現金で支払った。

(5)　所得税の源泉徴収分￥20,000を税務署に現金で納付した。

(6)　社会保険料について，従業員負担分￥10,000と企業負担分￥10,000を現金で支払った。

## 解答

| | | | | | | |
|---|---|---|---|---|---|---|
| (1) | (借) | 現金 | 150,000 | (貸) | 売上 | 150,000 |
| | (借) | 立替金 | 10,000 | (貸) | 現金 | 10,000 |
| (2) | (借) | 現金 | 10,000 | (貸) | 立替金 | 10,000 |
| (3) | (借) | 立替金 | 50,000 | (貸) | 現金 | 50,000 |
| (4) | (借) | 給料 | 300,000 | (貸) | 立替金 | 50,000 |
| | | | | | 所得税預り金 | 20,000 |
| | | | | | 社会保険料預り金 | 10,000 |
| | | | | | 現金 | 220,000 |
| (5) | (借) | 所得税預り金 | 20,000 | (貸) | 現金 | 20,000 |
| (6) | (借) | 社会保険料預り金 | 10,000 | (貸) | 現金 | 20,000 |
| | | 法定福利費 | 10,000 | | | |

**解　説**

(1)　この場合の発送運賃は先方負担であり，これを当店が立替払いすることになるため，立替金勘定で処理する。また，この仕訳は次のように1つにまとめてもよい。

| | | | |
|---|---|---|---|
| （借）現　　　　金 | 140,000 | （貸）売　　　　上 | 150,000 |
| 立　替　金 | 10,000 | | |

(2)　立替金の受取りであるが，郵便為替証書は現金として処理する。

(3)　従業員の給料の前貸しは貸付金や前払金ではなく立替金である。すなわち，給料の前貸しは，給料を貸し付けるのではなく前払いすることであり，貸付金ではない。また，前払金は商品売買取引において用いられる勘定である。なお，立替金は従業員立替金でもよい。

(4)　従業員の給料から，前貸し分の立替金と，所得税の源泉徴収分を所得税預り金，社会保険料の従業員負担分を社会保険料預り金として差し引き，残額が給料として従業員に現金で支給される。

(5)　企業が預かった所得税の源泉徴収分は，従業員に代わって税務署に納付する。

(6)　社会保険料の企業負担分は，法定福利費勘定（費用の勘定）で処理する。

## 5．仮払金・仮受金

金銭の支払いを行ったものの，その時点で正確な内容（相手勘定）や金額を確定できない場合がある。このような内容や金額が未確定な支出は**仮払金**と呼ばれ，**仮払金勘定**（資産の勘定）で処理する。すなわち，内容や金額が未確定な支出が行われたとき，仮払金勘定の借方に一時的に記入し，後日，正確な内容や金額が確定したとき，仮払金勘定から適切な勘定へ振り替える（仮払金勘定の貸方に記入するとともに，適切な勘定へ記入する）。

また，金銭の受取りがあったものの，その時点で正確な内容（相手勘定）や金額を確定できない場合がある。このような内容や金額が未確定な収入は**仮受金**と呼ばれ，**仮受金勘定**（負債の勘定）で処理する。すなわち，内容や金額が未確定な収入があったとき，仮受金勘定の貸方に一時的に記入し，後日，正確な内容や金額が確定したとき，仮受金勘定から適切な勘定へ振り替える（仮受金勘定の借方に記入するとともに，適切な勘定へ記入する）。

したがって，仮払金勘定・仮受金勘定は，現金過不足勘定と同様に仮勘定である。なお，商品の売買に関する代金の前払いや前受けは，前払金勘定・前受金勘定を用い，仮払金勘定・仮受金勘定は用いない。

仮払金

| | |
|---|---|
| 金銭を仮払いしたとき | 内容・金額が確定したとき |

仮受金

| | |
|---|---|
| 内容・金額が確定したとき | 金銭を仮受けしたとき |

**例題8－5**

次の一連の取引を仕訳しなさい。

(1)　従業員の出張にあたり，旅費交通費の概算額￥50,000を現金で渡した。

(2)　出張中の従業員から，当座預金口座へ￥250,000の振込みがあったが，その内容は不明である。

(3)　従業員が出張から戻り，(2)の振込額は，大阪商店に対する売掛金の回収額￥150,000と，京都商店に対する未収入金の回収額￥100,000であることが判明した。

(4)　従業員の旅費交通費の精算を行い，残額￥4,500が現金で返済された。

**解　答**

| | | | | | | |
|---|---|---|---|---|---|---|
| (1) | (借) | 仮払金 | 50,000 | (貸) | 現金 | 50,000 |
| (2) | (借) | 当座預金 | 250,000 | (貸) | 仮受金 | 250,000 |
| (3) | (借) | 仮受金 | 250,000 | (貸) | 売掛金 | 150,000 |
| | | | | | 未収入金 | 100,000 |
| (4) | (借) | 旅費交通費 | 45,500 | (貸) | 仮払金 | 50,000 |
| | | 現金 | 4,500 | | | |

**解　説**

(1)　従業員の出張の際の旅費交通費は，事前に金額が確定しないため，概算額を仮払いする。そのため，概算額を一時的に仮払金として処理し，後日，精算が行われたときに適切な勘定へ振り替える。

(2)　受け取った現金や預金の内容がわからない場合には，一時的に仮受金として処理し，後日，詳細がわかった時点で適切な勘定へ振り替える。

(3) 仮受金として処理していた振込額の詳細が判明したため，仮受金勘定の借方へ記入するとともに，確定した内容でそれぞれの勘定へ記入する。

(4) 旅費交通費の精算が行われ金額が確定したため（仮払額￥50,000－残額￥4,500＝旅費交通費￥45,500），仮払金勘定の貸方へ記入するとともに，確定した内容でそれぞれの勘定へ記入する。

## 6．受取商品券

企業は，商品を販売したときに，他社や自治体などが発行した**商品券**を代金として受け取ることがある。こうした商品券は，これを発行した企業や自治体に対する債権（金銭の支払いを請求する権利）が発生したことを意味するので，**受取商品券勘定**（資産の勘定）で処理する。つまり，商品券を受け取ったときには債権の増加として受取商品券勘定の借方に記入し，それを精算したときに債権の減少として貸方に記入する。

受取商品券

| | |
|---|---|
| 他社や自治体などが発行した商品券を受け取ったとき | 他社や自治体などが発行した商品券を精算したとき |

**例題８－６**

次の取引を仕訳しなさい。

(1) 商品を￥25,000で販売し，代金のうち￥20,000はＡ市が発行した商品券で受け取り，残額は現金で受け取った。

(2) 商品を￥29,800で販売し，代金はＢ社が発行した商品券￥30,000を受け取り，おつりを現金で支払った。

(3) 保有するＡ市が発行した商品券￥20,000を精算し，同額を現金で受け取った。

(4) 保有するＢ社が発行した商品券￥30,000を精算し，同額が当座預金口座に振り込まれた。

**解答**

| | | | | | | |
|---|---|---|---|---|---|---|
| (1) | (借) | 受取商品券 | 20,000 | (貸) | 売上 | 25,000 |
| | | 現金 | 5,000 | | | |
| (2) | (借) | 受取商品券 | 30,000 | (貸) | 売上 | 29,800 |
| | | | | | 現金 | 200 |
| (3) | (借) | 現金 | 20,000 | (貸) | 受取商品券 | 20,000 |
| (4) | (借) | 当座預金 | 30,000 | (貸) | 受取商品券 | 30,000 |

**解説**

(1)　商品を¥25,000で販売したので，売上勘定（収益の勘定）の貸方に¥25,000を記入する。代金は，A市が発行した商品券¥20,000と現金¥5,000で受け取ったので，受取商品券勘定（資産の勘定）の借方に¥20,000を記入し，現金勘定（資産の勘定）の借方に¥5,000を記入する。

(2)　商品を¥29,800で販売したので，売上勘定の貸方に¥29,800を記入する。代金は，B社が発行した商品券¥30,000を受け取り，おつり¥200を現金で支払ったので，受取商品券勘定の借方に¥30,000を記入し，現金勘定の貸方に¥200を記入する。

(3)　保有するA市が発行した商品券¥20,000を精算したので，受取商品券勘定の貸方に¥20,000を記入する。また，これに伴い現金¥20,000を受け取ったので，現金勘定の借方に¥20,000を記入する。

(4)　保有するB社が発行した商品券¥30,000を精算したので，受取商品券勘定の貸方に¥30,000を記入する。また，これに伴い当座預金口座に¥30,000が振り込まれたので，当座預金勘定の借方に¥30,000を記入する。

## 7．差入保証金

企業は，建物などを賃借するときに，敷金などの名目で保証金を支払うことがある。これを保証金の差し入れという。このような保証金は，賃借契約の終了時に当該建物の原状回復のために要した諸費用などを差し引かれた残額が当該企業に返金されることが一般的である。よって，これは債権を意味するので，**差入保証金勘定**（資産の勘定）で処理する。つまり，保証金を差し入れたときには，差入保証金勘定の借方に記入し，これが返金されたときには貸方に記入する。

差入保証金

| 保証金を支払ったとき | 支払った保証金が返金されたとき |
| --- | --- |

**例題 8－7**

次の取引を仕訳しなさい。

⑴　店舗として使用する建物の賃借契約を締結し，敷金￥120,000を現金で支払った。

⑵　店舗として使用していた建物の賃借契約を解除し，上記⑴で当該契約を締結したときに支払っていた敷金￥120,000について，修繕費￥30,000が差し引かれた残額が当座預金口座に振り込まれた。

**解　答**

| | | | | | | |
| --- | --- | --- | --- | --- | --- | --- |
| ⑴ | （借） | 差入保証金 | 120,000 | （貸） | 現　金 | 120,000 |
| ⑵ | （借） | 修繕費 | 30,000 | （貸） | 差入保証金 | 120,000 |
| | | 当座預金 | 90,000 | | | |

**解　説**

⑴　現金で￥120,000を支払ったので，現金勘定（資産の勘定）の貸方に￥120,000を記入する。これは建物の賃借契約を締結したときに敷金という名目で保証金として差し入れたものであり，当該契約を解除したときに諸費用が差し引かれた残額が返金される。そこで，差入保証金勘定（資産の勘定）の借方に￥120,000を記入する。

⑵　上記⑴で敷金という名目で差し入れていた保証金が返金されたので，差入保証金勘定の貸方に￥120,000を記入する。ただし，その全額が返金されたのではなく，修繕費￥30,000が差し引かれた残額￥90,000が当座預金口座に振り込まれたので，修繕費勘定（費用の勘定）の借方に￥30,000を記入し，当座預金勘定（資産の勘定）の借方に￥90,000を記入する。

# 第9章

# 手　形

学習のポイント

① 商品売買取引における代金の決済手段としての約束手形の性質を学ぶ。
② 手形による債権・債務の発生・消滅の処理方法を学ぶ。
③ 手形取引の詳細を記録する受取手形記入帳と支払手形記入帳の記入方法を学ぶ。
④ 手形を金銭の貸借のために用いる場合（金融手形）の処理方法を学ぶ。
⑤ 電子的に記録された債権・債務の発生・消滅の処理方法を学ぶ。

## 1．手形の意義と種類

### (1) 手形とは

商品売買取引における代金の決済手段として，これまで現金や小切手，あるいは売掛金・買掛金などを学習してきた。本章で学習する**手形**とは，支払期日や支払場所，支払金額などが明記された有価証券の一種であり，商品代金の受取りや支払いの手段として用いられるものである。したがって，手形を用いた取引において，手形代金を受け取る場合には債権（手形債権）が発生し，手形代金を支払う場合には債務（手形債務）が発生する。

手形には，**約束手形**と**為替**（かわせ）**手形**の2種類があるが，本書では約束手形のみを学習する。約束手形と為替手形は，それぞれ約手（やくて）と為手（ためて）と略称されることがある。

## ⑵ 約束手形

約束手形とは，手形の振出人（支払人）が手形代金の名宛人（受取人）に対し，一定の期日（満期日）に手形代金を支払うことを約束する証券のことである。約束手形の見本は以下のとおりである。

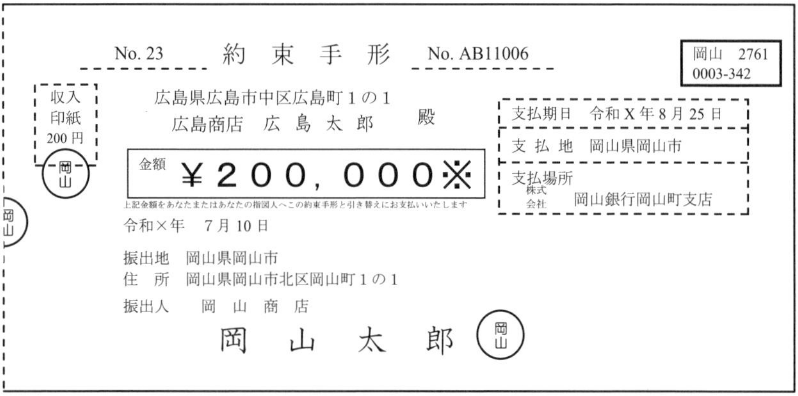
No. 23　約　束　手　形　No. AB11006
岡山　2761
0003-342
収入
印紙
200円
岡山
広島県広島市中区広島町１の１
広島商店　広　島　太　郎　殿
金額　¥２００，０００※
上記金額をあなたまたはあなたの指図人へこの約束手形と引き替えにお支払いいたします
令和×年　7月10日
振出地　岡山県岡山市
住　所　岡山県岡山市北区岡山町１の１
振出人　岡　山　商　店
岡　山　太　郎
岡山
支払期日　令和X年8月25日
支 払 地　岡山県岡山市
支払場所
株式会社　岡山銀行岡山町支店

約束手形においては，手形の**振出人**（支払人）と**名宛人**（受取人）の２者が関係する取引となる。たとえば，次図において，Ａ商店はＢ商店から商品を仕入れ，その代金の支払手段として，Ｂ商店に約束手形を振り出すと，Ａ商店はＢ商店に手形代金の支払義務，すなわち手形債務が生じる。一方，この関係をＢ商店からみると，Ａ商店は商品の販売先（得意先）であり，Ｂ商店はＡ商店に販売した商品の代金として手形を受け取ったとすると，手形代金を受け取る権利（手形債権）が発生する。

約束手形における関係者と債権・債務関係

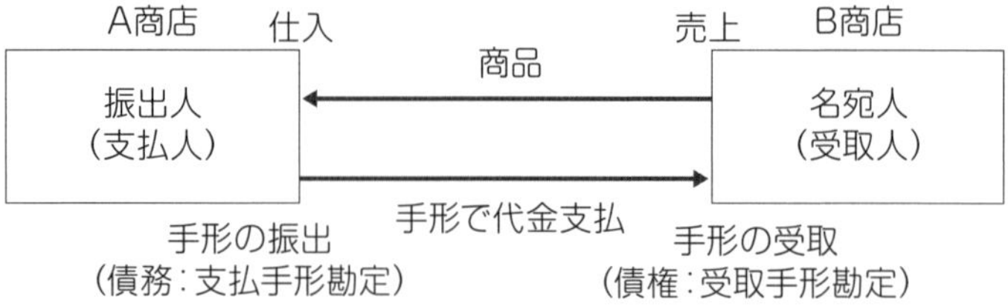

## 2．受取手形勘定と支払手形勘定

手形による債権・債務の発生もしくは消滅は，手形の種類にかかわりなく，**受取手形勘定**もしくは**支払手形勘定**で処理する。

### ⑴ 受取手形勘定

約束手形を受け取ったときには，手形債権が発生するため，受取手形勘定（資産の勘定）の借方に記入する。また，手形の代金を受け取ったときには，手形債権が消滅するため，受取手形勘定の貸方に記入する。したがって，受取手形勘定の残高は，手形債権の残高を表す。受取手形勘定への記入をまとめると次のようになる。

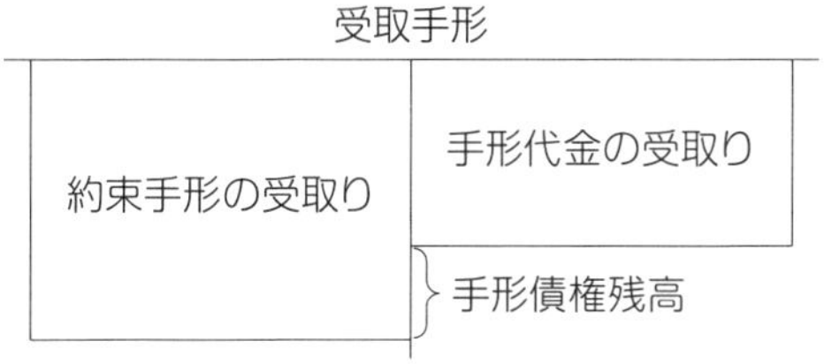


なお，受取手形についても貸倒れの可能性があるため，売掛金と同様に，決算に際して貸倒れの処理を行う。

### ⑵ 支払手形勘定

約束手形を振り出したときには，手形債務が発生するため，支払手形勘定（負債の勘定）の貸方に記入する。また，手形の代金を支払ったときには，手形債務が消滅するため，支払手形勘定の借方に記入する。したがって，支払手形勘定の残高は，手形債務の残高を表す。支払手形勘定への記入をまとめると次のようになる。

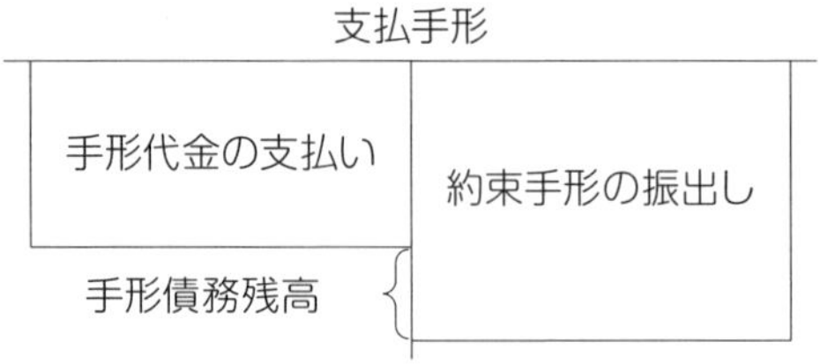


## (3) 約束手形の処理

約束手形に関する債権・債務関係については，前節で図をもとに説明したが，約束手形にかかわる仕訳をまとめると次のようになる。

① 商品を仕入れ，約束手形を振り出した場合の仕訳

| | | | | | |
|---|---|---|---|---|---|
| (借) | 仕　　　　入 | ××× | (貸) | 支　払　手　形 | ××× |

② 商品を販売し，約束手形を受け取った場合の仕訳

| | | | | | |
|---|---|---|---|---|---|
| (借) | 受　取　手　形 | ××× | (貸) | 売　　　　上 | ××× |

③ 手形代金を当座預金から支払った場合の仕訳

| | | | | | |
|---|---|---|---|---|---|
| (借) | 支　払　手　形 | ××× | (貸) | 当　座　預　金 | ××× |

④ 手形代金を受け取った場合（当座預金に入金）の仕訳

| | | | | | |
|---|---|---|---|---|---|
| (借) | 当　座　預　金 | ××× | (貸) | 受　取　手　形 | ××× |

**例題 9－1**

次の取引の仕訳を，栃木商店と茨城商店の両店について示しなさい。

(1) 栃木商店は茨城商店へ商品￥500,000を販売し，代金のうち￥300,000は同店振出しの約束手形で受け取り，残額は掛けとした。

(2) 栃木商店は，(1)の約束手形について，かねて取立てを依頼していた取引銀行から，本日，茨城商店の当座預金口座から当店の当座預金口座に入金された旨の通知があった。

**解　答**

| | | | | | | |
|---|---|---|---|---|---|---|
| ⑴ | 栃木商店：(借) | 受取手形 | 300,000 | (貸) | 売　上 | 500,000 |
| | | 売掛金 | 200,000 | | | |
| | 茨城商店：(借) | 仕　入 | 500,000 | (貸) | 支払手形 | 300,000 |
| | | | | | 買掛金 | 200,000 |
| ⑵ | 栃木商店：(借) | 当座預金 | 300,000 | (貸) | 受取手形 | 300,000 |
| | 茨城商店：(借) | 支払手形 | 300,000 | (貸) | 当座預金 | 300,000 |

**解　説**

⑴ 約束手形に関係するのは手形の振出人（支払人）と名宛人（受取人）の2者であり，この関係において，約束手形の振出人（支払人）は名宛人（受取人）に対して手形債務を負い，名宛人（受取人）は振出人（支払人）に対して手形債権を得ることになる。

⑵ 手形は満期日になると代金の決済が行われる。受取人は，手形の満期日が近づくと，取引銀行に手形代金の取立てを依頼する。取引銀行は手形交換所を通じて，支払人の取引銀行の当座預金口座から手形代金を回収し，受取人の当座預金口座に入金する。

## 3．受取手形記入帳と支払手形記入帳

手形による債権・債務の発生もしくは消滅は，受取手形勘定と支払手形勘定に記入されるが，手形取引の内容の詳細については受取手形記入帳と支払手形記入帳と呼ばれる補助簿（補助記入帳）に記入され，手形債権・債務の管理に利用される。

手形記入帳には，手形の金額，手形の種類，手形番号，支払人，受取人，振出人・裏書人，振出日，満期日，支払場所，てん末などが記入される。

**例題9－2**

岡山商店に関する次の取引について，受取手形記入帳と支払手形記入帳に記入しなさい。

7月1日　島根商店へ商品￥300,000を販売し，代金は同店振出しの約束手形#18（振出日7月1日，満期日7月25日，支払場所　米子銀行島根支

店）で受け取った。
7月10日　広島商店から商品￥200,000を仕入れ，代金は同店宛の約束手形 #23（振出日7月10日，満期日8月25日，支払場所　岡山銀行中央支店）を振り出して支払った。
7月25日　7月1日に島根商店から受け取った約束手形 #18の満期日につき，取引銀行から，当座預金口座に入金された旨の連絡があった。
8月25日　7月10日に振り出した約束手形 #23の満期日につき，広島商店の取引銀行から，当座預金口座に入金された旨の連絡があった。

## 解答

（岡山商店）

受取手形記入帳

| 日付 | | 摘要 | 金額 | 手形種類 | 手形番号 | 支払人 | 振出人または裏書人 | 振出日 | | 満期日 | | 支払場所 | てん末 | | |
|---|---|---|---|---|---|---|---|---|---|---|---|---|---|---|---|
| | | | | | | | | | | | | | 月 | 日 | 摘要 |
| 7 | 1 | 売上 | 300,000 | 約手 | 18 | 島根商店 | 島根商店 | 7 | 1 | 7 | 25 | 米子銀行 | 7 | 25 | 取立 |

（岡山商店）

支払手形記入帳

| 日付 | | 摘要 | 金額 | 手形種類 | 手形番号 | 受取人 | 振出人 | 振出日 | | 満期日 | | 支払場所 | てん末 | | |
|---|---|---|---|---|---|---|---|---|---|---|---|---|---|---|---|
| | | | | | | | | | | | | | 月 | 日 | 摘要 |
| 7 | 10 | 仕入 | 200,000 | 約手 | 23 | 広島商店 | 当　　店 | 7 | 10 | 8 | 25 | 岡山銀行 | 8 | 25 | 支払 |

## 解説

約束手形を受け取ったときは，受取手形記入帳へ記入する。また，約束手形を振り出したときは，支払手形記入帳へ記入する。

「てん末」欄には，その手形の債権・債務が消滅したときの理由（代金の支払い（支払），代金の受取り（取立））などを日付とともに記載する。

## 4．手形貸付金と手形借入金

商品売買取引における商品代金の決済手段としてではなく，金銭の貸借のために手形が用いられることがある。このような手形は**金融手形**と呼ばれ，商取引に用いられる商業手形とは区別される。したがって，金融手形を処理する勘定も，商取引で用いられる受取手形勘定・支払手形勘定とは別なものが用いられる。

手形を受け取って金銭を貸し付けたとき，**手形貸付金勘定**（資産の勘定）の借方に記入し，返済を受けたときは貸方に記入する。

また，手形を振り出して金銭を借り入れたとき，**手形借入金勘定**（負債の勘定）の貸方に記入し，返済した場合には借方に記入する。

なお，手形貸付金・手形借入金は，通常の借用証書を用いた金銭の貸借と同様に，貸付金勘定・借入金勘定を用いて処理してもよい。

**例題9－3**

次の取引の仕訳を，三重商店，奈良商店のそれぞれについて示しなさい。

⑴　三重商店は，奈良商店へ￥300,000を貸し付け，同額の約束手形を受け取った。なお，貸付金は，利息￥15,000を差し引き，残額を小切手を振り出して支払った。

⑵　三重商店は，⑴の約束手形につき，満期日が到来し，奈良商店から現金により返済を受けた。

**解　答**

| | | | | | | |
|---|---|---|---|---|---|---|
| ⑴ | 三重商店：（借） | 手形貸付金 | 300,000 | （貸） | 当座預金 | 285,000 |
| | | | | | 受取利息 | 15,000 |
| | 奈良商店：（借） | 現金 | 285,000 | （貸） | 手形借入金 | 300,000 |
| | | 支払利息 | 15,000 | | | |
| ⑵ | 三重商店：（借） | 現金 | 300,000 | （貸） | 手形貸付金 | 300,000 |
| | 奈良商店：（借） | 手形借入金 | 300,000 | （貸） | 現金 | 300,000 |

解　説

手形を用いた金銭の貸借取引（金融手形）は，手形貸付金勘定（もしくは貸付金勘定）・手形借入金勘定（もしくは借入金勘定）で処理する。

## 5．電子記録債権と電子記録債務

近年では，電子債権記録機関において債権・債務を電子的に記録することによって，いわば手形と同様に決済手段として用いることができるようになっている。このような電子化された債権のことを**電子記録債権**といい，**電子記録債権勘定**（資産の勘定）で処理する。また，電子化された債務のことを**電子記録債務**といい，**電子記録債務勘定**（負債の勘定）で処理する。

例題9－4

次の取引を仕訳しなさい。

(1)　A社に商品を￥100,000で販売し，代金は月末までに受け取ることとした。

(2)　A社に対する売掛金￥100,000について，電子債権記録機関に債権の発生記録を請求した。

(3)　A社に対する電子記録債権￥100,000の支払期日が到来し，当座預金口座によって決済された。

解　答

| | | | | | | |
|---|---|---|---|---|---|---|
| (1) | (借) | 売掛金 | 100,000 | (貸) | 売上 | 100,000 |
| (2) | (借) | 電子記録債権 | 100,000 | (貸) | 売掛金 | 100,000 |
| (3) | (借) | 当座預金 | 100,000 | (貸) | 電子記録債権 | 100,000 |

解　説

(2)　電子債権記録機関を通して，売掛金￥100,000という債権が電子記録債権￥100,000として記録されたので，売掛金勘定（資産の勘定）を電子記録債権勘定（資産の勘定）に振り替える。すなわち，売掛金勘定の貸方に￥100,000を記入するとともに，電子記録債権勘定の借方に￥100,000を記入する。

(3)　電子記録債権￥100,000が当座預金口座を通して決済された（債権を回収した）ので，電子記録債権勘定の貸方に¥100,000を記入し，当座預金勘定の借方に¥100,000を記入する。

**例題 9－5**

次の取引を仕訳しなさい。

⑴　B社から商品を¥100,000で仕入れ，代金は月末までに支払うこととした。

⑵　B社に対する買掛金¥100,000について，電子債権記録機関から債務の発生記録の通知を受けた。

⑶　B社に対する電子記録債務¥100,000の支払期日が到来し，当座預金口座によって決済された。

**解　答**

| | | | | | | |
|---|---|---|---|---|---|---|
| ⑴ | （借） | 仕　　　　入 | 100,000 | （貸） | 買　掛　金 | 100,000 |
| ⑵ | （借） | 買　掛　金 | 100,000 | （貸） | 電子記録債務 | 100,000 |
| ⑶ | （借） | 電子記録債務 | 100,000 | （貸） | 当 座 預 金 | 100,000 |

**解　説**

⑵　電子債権記録機関を通して，買掛金¥100,000という債務が電子記録債務として記録されたので，買掛金勘定（負債の勘定）を電子記録債務勘定（負債の勘定）に振り替える。すなわち，買掛金勘定の借方に¥100,000を記入し，電子記録債務勘定の貸方に¥100,000を記入する。

⑶　電子記録債務¥100,000が当座預金口座を通して決済された（債務を支払った）ので，電子記録債務勘定の借方に¥100,000を記入し，当座預金勘定の貸方に¥100,000を記入する。

# 第10章 固定資産

学習のポイント

① 有形固定資産の種類と取得時の処理方法を学ぶ。
② 有形固定資産の取得後に行われる改良や修繕のための支出について，資本的支出と収益的支出の区別と処理方法について学ぶ。
③ 減価償却の意義と減価償却費の算定方法と記帳方法を学ぶ。
④ 有形固定資産を売却する場合の処理方法を学ぶ。

## 1．有形固定資産の種類

**固定資産**とは，企業が1年以上の長期間にわたって営業活動のために使用する目的で保有する資産のことである。固定資産は，有形固定資産，無形固定資産，投資その他の資産の3つに分類されるが，本章では有形固定資産について解説する。

**有形固定資産**は，具体的な存在形態をもった固定資産のことであり，代表的なものに次のようなものがある。

① 備　　　品…事務用の机・いす，商品の陳列棚，応接セット，事務用機器・OA機器など。
② 車両運搬具…営業用のトラック，自動車，オートバイなど。
③ 建　　　物…営業用の事務所，店舗，倉庫などの建物。
④ 土　　　地…事務所，店舗，倉庫などのための敷地。

## 2．有形固定資産の取得

備品，車両運搬具，建物，土地などの有形固定資産を取得した場合，それぞれ**備品勘定**，**車両運搬具勘定**，**建物勘定**，**土地勘定**（いずれも資産の勘定）を設け，その借方に取得原価で記入する。なお，取得原価が少額なものまたは使用可能年数が1年未満のものは，備品勘定ではなく消耗品費勘定（費用の勘定）で処理する（第14章4節参照）。

ここで，有形固定資産の取得原価とは，有形固定資産の購入価額に，その固定資産を使用するまでに要する付随費用を加えた金額である。付随費用には，引取運賃や据付費，登録手数料，登記料，仲介手数料，整地費用などがある。

**有形固定資産の取得原価＝購入価額＋付随費用**

有形固定資産の各勘定

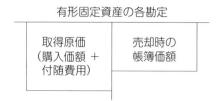

| | |
|---|---|
| 取得原価<br>（購入価額 ＋<br>付随費用） | 売却時の<br>帳簿価額 |

**例題10－1**

次の取引を仕訳しなさい。

⑴　事務用機器￥500,000を購入し，代金は引取運賃・据付費￥30,000とともに小切手を振り出して支払った。

⑵　営業用の自動車￥1,500,000を購入し，代金は登録手数料￥120,000とともに月末に支払うことにした。

⑶　営業用の倉庫￥3,000,000を購入し，代金は月末に支払うことにした。なお，登記料￥100,000と仲介手数料￥300,000は現金で支払った。

⑷　店舗用の土地200㎡を1㎡あたり￥10,000で購入し，代金は整地費用，登記料，仲介手数料などの￥500,000とともに，小切手を振り出して支払った。

**解　答**

| | | | | | | |
|---|---|---|---|---|---|---|
| ⑴ | (借) | 備品 | 530,000 | (貸) | 当座預金 | 530,000 |
| ⑵ | (借) | 車両運搬具 | 1,620,000 | (貸) | 未払金 | 1,620,000 |
| ⑶ | (借) | 建物 | 3,400,000 | (貸) | 未払金 | 3,000,000 |
| | | | | | 現金 | 400,000 |
| ⑷ | (借) | 土地 | 2,500,000 | (貸) | 当座預金 | 2,500,000 |

**解　説**

⑴　事務用機器は備品勘定で処理する。
　備品の取得原価：￥500,000＋￥30,000＝￥530,000

⑵　営業用の自動車は車両運搬具勘定で処理する。
　車両運搬具の取得原価：￥1,500,000＋￥120,000＝￥1,620,000

⑶　営業用の倉庫は建物勘定で処理する。
　建物の取得原価：￥3,000,000＋￥100,000＋￥300,000＝￥3,400,000

⑷　土地の取得原価：￥10,000×200㎡＋￥500,000＝￥2,500,000

## 3．有形固定資産の改良と修繕

有形固定資産は，取得後に改良や修繕を行うことがある。このような固定資産の改良や修繕のための支出については，その支出がどのような性質のものかに基づいて，①**資本的支出**，②**収益的支出**のいずれかに区分し処理する。

①　**資本的支出**

資本的支出とは，たとえば，建物を増築・改築したり，設備を取り付けるなどして，有形固定資産の価値を高めたり，あるいは使用可能年数を延長したりするような改良のための支出のことをいう。この場合，当該有形固定資産の価値を高めることになるため，その支出額を有形固定資産勘定の借方に記入し，帳簿価額を高める処理を行う。たとえば，建物の改良を行い，代金を現金で支出した場合の仕訳は次のようになる。

| | | | | | |
|---|---|---|---|---|---|
| (借) | 建物 | ××× | (貸) | 現金 | ××× |

②　**収益的支出**

収益的支出とは，たとえば，営業用自動車の定期点検や，故障した事務機器の修理，破損した窓ガラスの取替え，設備のメンテナンスなど，有形固定資産について通常行われる修理・補修・保守・点検などのための支出のことをいう。このための支出は，有形固定資産の価値を高めたり，使用可能年数を延長したりするものではないため，**修繕費勘定**（費用の勘定）の借方に記入し，費用として処理する。たとえば，破損した陳列棚の修理を行い，代金を現金で支出した場合の仕訳は次のようになる。

| | | | |
|---|---|---|---|
| (借) 修　繕　費 | ××× | (貸) 現　　　金 | ××× |

**例題10-2**

次の取引を仕訳しなさい。

(1) 倉庫の増築を行い，代金¥1,500,000は月末に支払うことにした。

(2) 故障した事務機器の修理を行い，代金¥30,000を現金で支払った。

(3) 店舗の補修を行い，代金¥500,000は小切手を振り出して支払った。なお，補修費用のうち40%は，店舗の改良のための支出とみなされる。

**解　答**

| | | | | |
|---|---|---|---|---|
| (1) | (借) 建　　　物 | 1,500,000 | (貸) 未　払　金 | 1,500,000 |
| (2) | (借) 修　繕　費 | 30,000 | (貸) 現　　　金 | 30,000 |
| (3) | (借) 建　　　物 | 200,000 | (貸) 当 座 預 金 | 500,000 |
| | 修　繕　費 | 300,000 | | |

**解　説**

(1) 倉庫の増築は，有形固定資産の価値を高める改良にあたり，資本的支出であるため，その支出額は建物勘定の借方に記入し，帳簿価額を高める処理を行う。

(2) 事務機器の修理のための支出は修繕費勘定で処理する。

(3) この取引のように，資本的支出と収益的支出が複合的に生じている場合，それぞれの支出額を求め，両者を区別して処理する。本問の場合，支出額¥500,000のうち，40%が資本的支出であり，60%が収益的支出である。

資本的支出：¥500,000×40%＝¥200,000　→　建物勘定の借方へ記入

収益的支出：¥500,000×60%＝¥300,000　→　修繕費勘定の借方へ記入

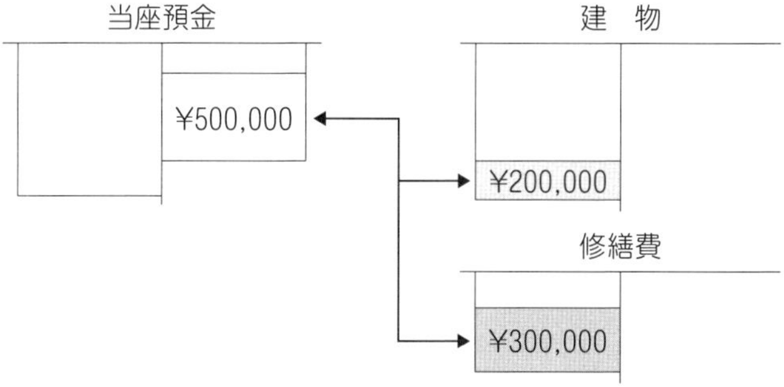


## 4．有形固定資産の減価償却

### ⑴　減価償却の意義

有形固定資産は，企業において長期にわたって使用され，収益の獲得に貢献するものである。しかし，有形固定資産は，使用によって，あるいは時の経過によってその価値が減少していく。したがって，当期分の価値の減少額を算定したうえで，その金額を当期の費用として計上し，また，有形固定資産の各勘定に記入されている帳簿価額からその価値の減少額を控除する手続きが必要になる。このような手続きを**減価償却**といい，この手続きにおいて費用計上される有形固定資産の価値の減少額，すなわち減価償却額を**減価償却費**と呼ぶ。この減価償却の手続きは決算において行われる整理事項の１つである。ただし，有形固定資産のうち，土地については減価償却の手続きは行われない。

### ⑵　減価償却費の算定

有形固定資産の減価償却費の算定方法には，定額法，定率法，生産高比例法などいくつかの方法があるが，ここでは定額法について説明する。

**定額法**とは，有形固定資産の使用可能期間（これを**耐用年数**という）にわたり，同額ずつ減価するものと考え，毎期一定額の減価償却費を計上する方法である。定額法による減価償却費の算定式は次のとおりである。なお，**残存価額**

は耐用年数終了時における見積処分価額のことである。

$$\text{減価償却費}=\frac{\text{取得原価}-\text{残存価額}}{\text{耐用年数}}$$

**例題10- 3**

東京商店（決算日：12月31日）が，期首に購入した営業用自動車（取得原価：¥2,400,000，耐用年数：6年，残存価額：取得原価の10%）の減価償却費を，定額法により算定しなさい。

**解　答**

$$\text{減価償却費}=\frac{¥2,400,000-(¥2,400,000\times10\%)}{6\text{年}}=¥360,000$$

**解　説**

与えられた条件をもとに定額法による減価償却費の算定式から計算すればよい。残存価額は取得原価の10%なので，¥240,000（＝¥2,400,000×10%）となる。取得原価と毎年の減価償却費と残存価額の関係を図示すると次のように表される。

| 取得原価：¥2,400,000 | | | | | | |
|---|---|---|---|---|---|---|
| 減価償却費<br>¥360,000 | 減価償却費<br>¥360,000 | 減価償却費<br>¥360,000 | 減価償却費<br>¥360,000 | 減価償却費<br>¥360,000 | 減価償却費<br>¥360,000 | 残存価額<br>¥240,000 |
| 第1年目 | 第2年目 | 第3年目 | 第4年目 | 第5年目 | 第6年目 | |

なお，残存価額は取得原価の10%とされることが多いが，平成19年度税制改正により，残存価額をゼロにすることができるようになっている。残存価額がゼロの場合，定額法による減価償却費の算定式中の残存価額を0にして計算すればよい。例題10-3で残存価額をゼロとすると，減価償却費は¥400,000（＝¥2,400,000／6年）となる。

### (3)　減価償却費の記帳方法

減価償却費の記帳方法には，直接法と間接法の２通りの方法があるが，ここでは間接法について説明する。

**間接法**は，減価償却費を当該有形固定資産勘定の帳簿価額から直接減額するのではなく，**減価償却累計額勘定**という有形固定資産のマイナスを表す評価勘定の貸方に記入し，そこに毎期の減価償却費を累計していく方法である。すなわち，減価償却費を減価償却費勘定の借方に記入するとともに，減価償却累計額勘定の貸方に記入する。例題10-３の減価償却費の仕訳を間接法で示すと次のようになる。

12月31日　（借）減 価 償 却 費　360,000　（貸）減価償却累計額　360,000

※なお，「減価償却累計額」は「車両運搬具減価償却累計額」のように当該有形固定資産を表す勘定でもよい。

間接法によると，当該有形固定資産の取得原価がそのままの金額で勘定上に残され，また，これまでどのくらい減価償却を行ったかが，減価償却累計額勘定に示される。したがって，有形固定資産の帳簿価額は，次式によって求められる。

**有形固定資産の帳簿価額＝取得原価－減価償却累計額**

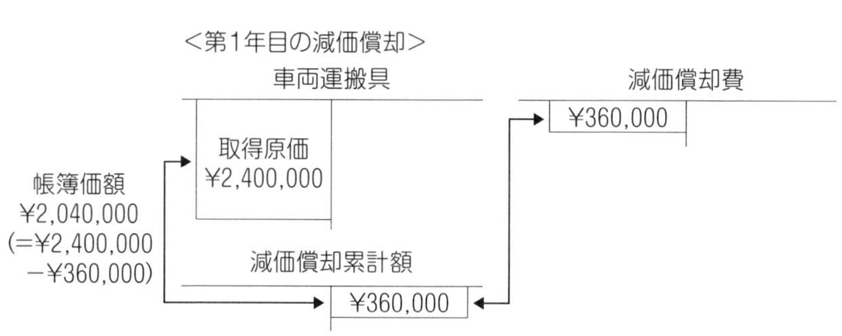

＜第2年目の減価償却＞

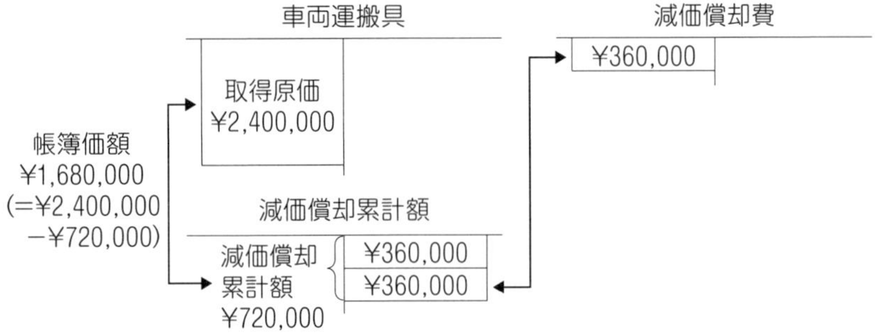


### 例題10-4

千葉商店（決算日：12月31日）が，当期首に購入した建物（取得原価：¥5,000,000，耐用年数：10年，残存価額：取得原価の10%）について，定額法により減価償却を行ったときの仕訳を間接法で示しなさい。

### 解　答

$$減価償却費=\frac{¥5,000,000-（¥5,000,000\times 10\%）}{10年}=¥450,000$$

間接法

12月31日　（借）減価償却費　450,000　（貸）減価償却累計額　450,000

### 解　説

間接法による場合の勘定への記入を示すと次のようになる。

建　物

| | | | | | |
|---|---|---|---|---|---|
| 1/1 | | 5,000,000 | **12/31** | **次期繰越** | **5,000,000** |
| 1/1 | 前期繰越 | 5,000,000 | | | |

減価償却費

| | | | | | |
|---|---|---|---|---|---|
| 12/31 | 減価償却累計額 | 450,000 | 12/31 | 損益 | 450,000 |

減価償却累計額

| | | | | | |
|---|---|---|---|---|---|
| 12/31 | 次期繰越 | 450,000 | 12/31 | 減価償却費 | 450,000 |
| | | | 1/ 1 | 前期繰越 | 450,000 |

間接法では，建物の帳簿価額は取得原価のまま毎期繰り越され，減価償却された分は減価償却累計額勘定で毎期累計され，その金額が繰り越されていく。

## 5．有形固定資産の売却

保有している有形固定資産は，不用になったときに売却することがある。有形固定資産の売却に際して，売却価額と帳簿価額を比較して差額がある場合，その差額は，固定資産売却に伴う損益を表す。減価償却を間接法で記帳していた場合には，次のように処理する。

### ①　売却価額＞帳簿価額の場合

有形固定資産の売却価額が帳簿価額より高い場合，その差額は有形固定資産を売却したことによる利益を表すため，**固定資産売却益勘定**（収益の勘定）の貸方に記入する。たとえば，帳簿価額が￥100,000（取得原価￥200,000）の備品を￥120,000で売却し，代金を現金で受け取った場合，差額の￥20,000が売却による利益となるため，固定資産売却益勘定の貸方に記入する。

減価償却を間接法で行っている場合，有形固定資産の帳簿価額は，当該有形固定資産勘定の借方に記入されている取得原価（借方残高）と減価償却累計額勘定の貸方に記入されている減価償却累計額との差額となる。したがって，当該有形固定資産勘定の貸方に取得原価を記入するとともに，減価償却累計額勘定の借方に減価償却累計額を記入する。仕訳を示すと次のようになる。

| | | | | | |
|---|---|---|---|---|---|
| （借） | 減価償却累計額 | 100,000 | （貸） | 備品 | 200,000 |
| | 現金 | 120,000 | | 固定資産売却益 | 20,000 |

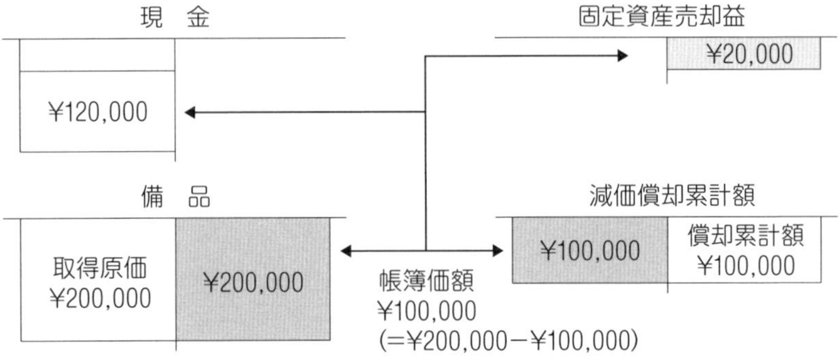


② 売却価額＜帳簿価額の場合

有形固定資産の売却価額が帳簿価額より低い場合，その差額は有形固定資産を売却したことによる損失を表すため，**固定資産売却損勘定**（費用の勘定）の借方に記入する。たとえば，帳簿価額が￥100,000（取得原価￥200,000）の備品を￥80,000で売却し，代金を現金で受け取った場合，差額の￥20,000が売却による損失となるため，固定資産売却損勘定の借方に記入する。

減価償却を間接法で行っている場合の仕訳を示すと次のようになる。

| | | | | | |
|---|---|---|---|---|---|
| （借） | 減価償却累計額 | 100,000 | （貸） | 備　　品 | 200,000 |
| | 現　　金 | 80,000 | | | |
| | 固定資産売却損 | 20,000 | | | |

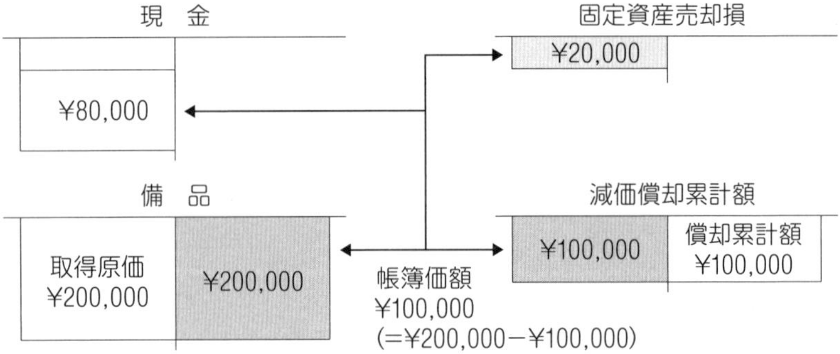

**例題10-5**

次の取引を仕訳しなさい。

⑴　営業用トラック（取得原価￥3,000,000，既償却額￥1,800,000）を￥1,500,000で売却し，代金は月末に受け取ることにした。減価償却費は間接法により記帳している。

⑵　事務機器（取得原価￥500,000，減価償却累計額￥270,000）を￥150,000で売却し，代金は現金で受け取った。減価償却費は間接法により記帳している。

⑶　埼玉商店（決算日：12月31日）は，令和×6年1月1日，不用となった倉庫を￥2,000,000で売却し，代金は小切手で受け取った。なお，この倉庫は，令和×2年1月1日に￥3,500,000で購入し，減価償却は定額法（耐用年数10年，残存価額は取得原価の10%）で行い，間接法で記帳している。

⑷　倉庫用に購入していた土地300㎡（1㎡あたり￥20,000，仲介手数料￥200,000，整地費用￥300,000）のうち，150㎡を1㎡あたり￥23,000で売却し，代金は月末に受け取ることにした。

**解　答**

| | | | | | | |
|---|---|---|---|---|---|---|
| ⑴ | （借） | 減価償却累計額 | 1,800,000 | （貸） | 車両運搬具 | 3,000,000 |
| | | 未収入金 | 1,500,000 | | 固定資産売却益 | 300,000 |
| ⑵ | （借） | 減価償却累計額 | 270,000 | （貸） | 備品 | 500,000 |
| | | 現金 | 150,000 | | | |
| | | 固定資産売却損 | 80,000 | | | |
| ⑶ | （借） | 減価償却累計額 | 1,260,000 | （貸） | 建物 | 3,500,000 |
| | | 現金 | 2,000,000 | | | |
| | | 固定資産売却損 | 240,000 | | | |
| ⑷ | （借） | 未収入金 | 3,450,000 | （貸） | 土地 | 3,250,000 |
| | | | | | 固定資産売却益 | 200,000 |

**解　説**

⑴　減価償却費は間接法で記帳されているため，営業用トラックの帳簿価額は，取得原価から減価償却累計額を控除した￥1,200,000（＝￥3,000,000－￥1,800,000）

であり，固定資産売却益が¥300,000（＝¥1,500,000－¥1,200,000）となる。

⑵ 減価償却費は間接法で記帳されているため，事務機器の帳簿価額は，取得原価から減価償却累計額を控除した¥230,000（＝¥500,000－¥270,000）であり，売却価額が¥150,000であるから，固定資産売却損が¥80,000（＝¥230,000－¥150,000）となる。

⑶ この倉庫は令和×2年1月1日に購入したものであり，令和×6年1月1日に売却するまでに4回減価償却を行っている。倉庫の減価償却費は，¥315,000 $\left(\dfrac{¥3,500,000-(¥3,500,000\times 10\%)}{10年}\right)$ であるから，減価償却累計額は¥1,260,000（＝¥315,000×4）となる。したがって，この倉庫の帳簿価額は¥2,240,000（＝¥3,500,000－¥1,260,000）であり，売却価額が¥2,000,000であるから，固定資産売却損が¥240,000となる。

⑷ 土地は使用によっても価値の減少が生じないため，減価償却は行われない。したがって，土地勘定には取得原価が記入されている。

取得原価（購入価額＋付随費用）：¥20,000×300㎡＋¥200,000＋¥300,000
＝¥6,500,000

売却価額：¥23,000×150㎡＝¥3,450,000

固定資産売却益：¥3,450,000－¥3,250,000 $\left(=¥6,500,000\times\dfrac{150㎡}{300㎡}\right)$
＝¥200,000

# 第11章
# 純資産（資本）

学習のポイント

① 株式会社における純資産（資本）の増減取引の処理方法を学ぶ。
② 剰余金の配当とその処理方法について学ぶ。

## 1．株式の発行と資本金

株式会社を設立するに際しては，株式を発行することによって資金調達を行う。また，会社設立後に増資を行い，さらなる資金調達をするためにも株式を発行することがある。このようなとき，発行した株式を購入して株主となった者から払い込まれた金額は，**資本金勘定**（純資産の勘定）で処理する。

たとえば，株式を発行し，これを購入して株主となった者から当社の当座預金口座に資金が振り込まれたならば，当座預金勘定の借方に記入するとともに，資本金勘定の貸方に記入する。

（借）当　座　預　金　　××　（貸）資　　本　　金　　××

例題11-1

次の取引を仕訳しなさい。

⑴ 株式会社の設立にあたり，株式200株を@￥1,000で発行し，当座預金口座に振り込まれた。

⑵ 増資にあたり，株式100株を@￥1,500で発行し，当座預金口座に振り込まれた。

**解　答**

⑴　（借）当　座　預　金　200,000　（貸）資　　本　　金　200,000
⑵　（借）当　座　預　金　150,000　（貸）資　　本　　金　150,000

**解　説**

株式会社の設立および増資にあたり，株式を発行したことによって払い込まれた金額は，資本金勘定で処理する。

## 2．繰越利益剰余金

これまで学習してきたように，決算時には決算振替仕訳を行う。まず，収益の各勘定を損益勘定に振り替えるとともに，費用の各勘定を損益勘定に振り替える。こうすることで，損益勘定には，当期における収益の各勘定が貸方に，費用の各勘定が借方に集計され，その差額として当期純利益または当期純損失が計算される。

次に，損益勘定で計算された当期純利益または当期純損失は，純資産の勘定に振り替える。こうすることで，当期純利益または当期純損失は，貸借対照表によって次期に繰り越されることになる。このときに使用する勘定は，**繰越利益剰余金勘定**（純資産）である。

たとえば，損益勘定の貸方残高として当期純利益が計算されたならば，それは次のような仕訳によって繰越利益剰余金勘定に振り替える。すなわち，当期純利益の金額だけ繰越利益剰余金勘定を増加させる。

（借）損　　　　　益　　××　（貸）繰越利益剰余金　　　××

一方，損益勘定の借方残高として当期純損失が計算されたならば，それは次のような仕訳によって繰越利益剰余金勘定に振り替える。すなわち，当期純損失の金額だけ繰越利益剰余金勘定を減少させる。

（借）繰越利益剰余金　　　××　（貸）損　　　　　益　　××

**例題11-2**

次の文章を読み，必要な決算振替仕訳を示しなさい。

⑴　決算につき，収益の総額は￥3,000,000，費用の総額は￥1,800,000であることがわかり，それぞれ損益勘定に振り替えた。そこで，これを繰越利益剰余金勘定に振り替える。

⑵　決算につき，収益の総額は￥4,000,000，費用の総額は￥5,300,000であることがわかり，それぞれ損益勘定に振り替えた。そこで，これを繰越利益剰余金勘定に振り替える。

**解　答**

| | | | | | |
|---|---|---|---|---|---|
| ⑴ | （借）損　益 | 1,200,000 | （貸）繰越利益剰余金 | 1,200,000 |
| ⑵ | （借）繰越利益剰余金 | 1,300,000 | （貸）損　益 | 1,300,000 |

**解　説**

⑴　収益と費用をそれぞれ損益勘定に振り替える仕訳は，次のとおりである。

| | | | |
|---|---|---|---|
| （借）収益の各勘定 | 3,000,000 | （貸）損　益 | 3,000,000 |
| （借）損　益 | 1,800,000 | （貸）費用の各勘定 | 1,800,000 |

この結果，損益勘定の貸方残高が￥1,200,000となり，当期純利益が計算された。本問では，これを繰越利益剰余金勘定に振り替える仕訳が求められた。

⑵　収益と費用をそれぞれ損益勘定に振り替える仕訳は，次のとおりである。

| | | | |
|---|---|---|---|
| （借）収益の各勘定 | 4,000,000 | （貸）損　益 | 4,000,000 |
| （借）損　益 | 5,300,000 | （貸）費用の各勘定 | 5,300,000 |

この結果，損益勘定の借方残高が￥1,300,000となり，当期純損失が計算された。本問では，これを繰越利益剰余金勘定に振り替える仕訳が求められた。

## 3．剰余金の配当

株式会社では，得られた当期純利益の一部を株主に配当することができる。上述したように，当期純利益は，繰越利益剰余金勘定の貸方に累計される。よって，通常は，この繰越利益剰余金を原資として配当を行う。つまり，配当を行うときには，繰越利益剰余金勘定の借方に記入し，これを減少させる処理を行う。

なお，配当は，株主総会などで金額が決議されることとなり，それが実際に支払われるのは後日である。よって，配当が決定したときには，繰越利益剰余金勘定の借方に記入するとともに，**未払配当金勘定**（負債の勘定）の貸方に記入する。当期純利益の配当を行う仕訳は，次のようになる。

（配当が決定したとき）

（借）繰越利益剰余金　××　（貸）未 払 配 当 金　××

（上記で決定した配当を当座預金口座から支払ったとき）

（借）未 払 配 当 金　××　（貸）当 座 預 金　××

また，このような配当を行うときには，会社法の規定によって一定の金額を利益準備金として積み立てることが要求されることがある。その場合には，繰越利益剰余金勘定を減少させるためにその借方に記入し，**利益準備金勘定**（純資産の勘定）を増加させるためにその貸方に記入する。よって，次のような仕訳を行うことになる。

（利益準備金として積み立てたとき）

（借）繰越利益剰余金　××　（貸）利 益 準 備 金　××

**例題11-3**

次の取引を仕訳しなさい。

(1) 株主総会において，繰越利益剰余金のうち￥400,000を配当することが決議された。また，これに伴い，￥40,000を利益準備金として積み立てる。

(2) 上記(1)で決議された配当について，当座預金口座から支払った。

**解 答**

| | | | | | |
|---|---|---|---|---|---|
| (1) | （借）繰越利益剰余金 | 440,000 | （貸）未 払 配 当 金 | 400,000 |
| | | | 利 益 準 備 金 | 40,000 |
| (2) | （借）未 払 配 当 金 | 400,000 | （貸）当 座 預 金 | 400,000 |

## 解　説

⑴　繰越利益剰余金￥400,000を原資として配当を行うことが決定したときには，その分だけ繰越利益剰余金勘定の借方に記入し，未払配当金勘定の貸方に記入する。またこれに伴い，利益準備金として￥40,000を積み立てるので，その分だけ繰越利益剰余金勘定の借方に記入し，利益準備金勘定の貸方に記入する。

⑵　上記⑴で決議された配当を支払ったので，未払配当金勘定を減少させる。

# 第12章

# 税　金

学習のポイント

① 税金の種類について学ぶ。
② 租税公課勘定で処理する税金について学ぶ。
③ 法人税，住民税及び事業税勘定で処理する税金について学ぶ。
④ 消費税とその処理方法について学ぶ。

## 1. 税金の種類

株式会社にはさまざまな税金が課される。国によって課される税金は**国税**と呼ばれ，印紙税や法人税などがある。地方公共団体によって課される税金は**地方税**と呼ばれ，固定資産税や住民税などがある。

また，これらの税金は，株式会社の利益とは異なる金額に基づいて課される税金と，利益に基づいて課される税金に分けられる。なお，後者は，税法上の規定にしたがって調整計算を行うことを要するが，本書では税引前当期純利益の金額に税率を乗じて納税額を計算する。

## 2. 租税公課勘定で処理する税金

株式会社の利益とは異なる金額に基づいて課される税金には，固定資産税，自動車税，印紙税などがある。たとえば，**固定資産税**は，毎月1月1日現在で所有する土地・建物・機械などの固定資産に対して課される税金であり，その税額は当該固定資産の評価額に基づき決定され，一括または4月，7月，12月，翌年２月の４回に分けて納付する。**印紙税**は，小切手や手形，領収書などを作成する際に，その取引金額に応じて課される税金であり，印紙を購入し，それを貼付し，消印することにより納付する。

このような税金を納付したときには，**租税公課勘定**（費用の勘定）で処理する。たとえば，固定資産税￥100,000を現金で納付した場合には，次のような仕訳を行う。

| | | | | |
|---|---|---|---|---|
| （借）租税公課 | 100,000 | （貸）現 | 金 | 100,000 |

**例題12-1**

次の取引を仕訳しなさい。

⑴　建物について固定資産税￥400,000の納税通知書を受け取り，現金で納付した。

⑵　収入印紙￥30,000を購入し，代金は現金で支払った。

**解　答**

| | | | | | |
|---|---|---|---|---|---|
| ⑴ | （借）租税公課 | 400,000 | （貸）現 | 金 | 400,000 |
| ⑵ | （借）租税公課 | 30,000 | （貸）現 | 金 | 30,000 |

**解　説**

⑴　固定資産税を納付したときには，租税公課勘定で処理する。

⑵　収入印紙は購入したときに，租税公課勘定で処理する。なお，決算日において，未使用の収入印紙が確認されたならば，その金額分だけ貯蔵品勘定（資産の勘定）に振り替える（第14章参照）。

## ３．法人税，住民税及び事業税

法人税，住民税及び事業税は，それぞれ異なる種類の税金であるが，株式会社の利益に基づいて課される点で共通の性質を有する。そこで，これらはまとめて**法人税，住民税及び事業税勘定**（費用の勘定）で処理する。

なお，法人税，住民税及び事業税は，決算日に計算された税引前当期純利益に基づいて納税額が決定し，その後２カ月以内に確定申告を行うことによって実際に納付することになる。そこで，納付額が決定したときには，その支払義務を**未払法人税等勘定**（負債の勘定）で処理する。この一連の仕訳を示せば，次のとおりである。

（決算日：納付額が決定したとき）

（借）法人税，住民税及び事業税　××　（貸）未払法人税等　××

（納付したとき）

（借）未払法人税等　××　（貸）現金など　××

また，その前年の税額に基づいて，中間納付を行わなければならない場合もある。中間納付をしたときには，**仮払法人税等勘定**（資産の勘定）で処理する。この一連の仕訳を示せば，次のとおりである。

（中間納付したとき）

（借）仮払法人税等　××　（貸）現金など　××

（決算日：納付額が決定したとき）

（借）法人税，住民税及び事業税　××　（貸）仮払法人税等　××

未払法人税等　××

（納付したとき）

（借）未払法人税等　××　（貸）現金など　××

**例題12-2**

次の一連の取引を仕訳しなさい。

(1)　中間申告を行い，法人税，住民税及び事業税￥200,000を現金で納付した。

(2)　決算につき，税引前当期純利益￥2,000,000に税率30%を乗じて，法人税，住民税及び事業税の納税額を計算した。

(3)　確定申告を行い，法人税，住民税及び事業税を現金で納付した。

解　答

| | | | | | |
|---|---|---|---|---|---|
| (1) | (借) 仮払法人税等 | 200,000 | (貸) 現　　金 | 200,000 |
| (2) | (借) 法人税，住民税及び事業税 | 600,000 | (貸) 仮払法人税等 | 200,000 |
| | | | 未払法人税等 | 400,000 |
| (3) | (借) 未払法人税等 | 400,000 | (貸) 現　　金 | 400,000 |

解　説

(1) 中間納付をしたときには，仮払法人税等勘定で処理する。

(2) 決算日には，法人税，住民税及び事業税の納税額が決定するので，これを法人税，住民税及び事業税勘定の借方に記入し，費用として計上する。なお，納付額は，税引前当期純利益￥2,000,000×税率30％＝￥600,000と計算される。また，上記(1)で中間納付した金額を控除した残額を未払法人税等勘定で処理する。

(3) 確定申告では，上記(2)で計上した未払法人税等勘定の残高を納付する。

## 4．消費税

**消費税**とは，企業などの事業者が商品やサービスを提供した場合に，その売買代金に一定の税率を乗じた金額を加算して徴収し，国に納付しなければならない税金である。このとき，納付する義務を負うのは事業者であるが，実際に負担するのは消費者となる。よって，企業が消費した場合には，企業が消費者としてこれを負担する。なお，消費税の処理方法には，**税抜方式**と**税込方式**とがあるが，本書では税抜方式について学習する。

税抜方式では，商品を仕入れたときに支払った消費税は，仕入勘定に含めずに**仮払消費税勘定**（資産の勘定）で処理する。また，商品を販売したときに受け取った消費税は，売上勘定に含めずに**仮受消費税勘定**（負債の勘定）で処理する。さらに，決算においては，当社が事業者として納付しなければならない金額が仮払消費税勘定の残高と仮受消費税勘定の残高の差額によって計算される。そこで，両者を相殺し，その差額を**未払消費税勘定**（負債の勘定）で処理する。なお，この一連の仕訳例を示せば，以下のとおりとなる（消費税率は10％）。

（商品￥100,000（税抜）を仕入れたとき）

| | | | | | |
|---|---|---|---|---|---|
| （借） | 仕入 | 100,000 | （貸） | 現金など | 110,000 |
| | 仮払消費税 | 10,000 | | | |

（商品￥120,000（税抜）を販売したとき）

| | | | | | |
|---|---|---|---|---|---|
| （借） | 現金など | 132,000 | （貸） | 売上 | 120,000 |
| | | | | 仮受消費税 | 12,000 |

（決算日：納付額が決定したとき）

| | | | | | |
|---|---|---|---|---|---|
| （借） | 仮受消費税 | 12,000 | （貸） | 仮払消費税 | 10,000 |
| | | | | 未払消費税 | 2,000 |

（納付したとき）

| | | | | | |
|---|---|---|---|---|---|
| （借） | 未払消費税 | 2,000 | （貸） | 現金など | 2,000 |

**例題12-3**

次の一連の取引を仕訳しなさい。なお，消費税率は10%とする。

(1) 商品を￥200,000（税抜）で仕入れ，代金は消費税とともに月末までに支払うこととした。

(2) 商品を￥300,000（税抜）で販売し，代金は消費税とともに月末までに受け取ることとした。

(3) 決算につき，消費税の納付額を計算し，これを確定した。

(4) 消費税の確定申告を行い，上記(3)で確定した金額を現金で納付した。

**解　答**

| | | | | | | |
|---|---|---|---|---|---|---|
| (1) | （借） | 仕入 | 200,000 | （貸） | 買掛金 | 220,000 |
| | | 仮払消費税 | 20,000 | | | |
| (2) | （借） | 売掛金 | 330,000 | （貸） | 売上 | 300,000 |
| | | | | | 仮受消費税 | 30,000 |
| (3) | （借） | 仮受消費税 | 30,000 | （貸） | 仮払消費税 | 20,000 |
| | | | | | 未払消費税 | 10,000 |
| (4) | （借） | 未払消費税 | 10,000 | （貸） | 現金 | 10,000 |

## 解　説

⑴　商品を仕入れたときに消費税として支払った分は，仮払消費税勘定で処理する。

⑵　商品を販売したときに消費税として受け取った分は，仮受消費税勘定で処理する。

⑶　決算日には，消費税の納付額を計算するために，仮払消費税勘定と仮受消費税勘定を相殺し，差額を未払消費税勘定で処理する。

⑷　上記⑶で計上した未払消費税勘定の残高を納付する。

# 第13章

# 伝　票

学習のポイント

① 伝票会計制度の意義と方法について学ぶ。

② 3伝票制のもとで取引の記録を行う方法を学ぶ。

## 1．伝票会計制度

これまで，取引が行われると仕訳帳へ記入すると説明してきたが，実務では仕訳帳の代わりに伝票を用いて取引の記録を行うことが多い。このような，伝票を用いた取引の記録は**伝票会計制度**と呼ばれる。

伝票会計制度においては，取引が行われるとまず伝票へ記入が行われ，その伝票記録に基づいて総勘定元帳へ転記が行われる。

取引の記録のために伝票を作成することを**起票**というが，どのような種類の伝票を用いて記録を行うかによって，1伝票制，3伝票制，5伝票制の3つの方法がある。

1伝票制は，仕訳伝票と呼ばれる1種類の伝票のみを用いて取引を記録する方法である。仕訳伝票は1つの取引に1枚起票され，仕訳帳と同じ内容が記入される。

これに対して，1つの取引を複数の種類の伝票を用いて記録する方法（複数伝票制）として，3伝票制，5伝票制と呼ばれる方法がある。本書では，3伝票制について学習する。

## 2．3伝票制

**3伝票制**は，入金伝票，出金伝票，振替伝票という3種類の伝票を用いて取引の記録を行う方法である。**入金伝票**は現金の受入れ（入金取引）を記録する伝票であり，通常，赤色で印刷されている。**出金伝票**は現金の支払い（出金取引）を記録する伝票であり，通常，青色で印刷されている。**振替伝票**は，現金の受払い以外の取引（振替取引）を記録する伝票であり，通常，黒色または青色で印刷されている。各伝票への記入を示すと以下のようになる。

**＜入金伝票＞**

取引例：4月10日，商品¥70,000を売り上げ，代金は現金で受け取った。

| 入　金　伝　票 | |
|---|---|
| 令和×年4月10日 | |
| 売　　上 | 70,000 |

入金取引の仕訳において，借方の勘定科目は必ず「現金」となるため，入金伝票ではこれを省略して，貸方の相手勘定科目と金額を記入する。

**＜出金伝票＞**

取引例：4月15日，買掛金¥40,000を現金で支払った。

| 出　金　伝　票 | |
|---|---|
| 令和×年4月15日 | |
| 買 掛 金 | 40,000 |

出金取引の仕訳において，貸方の勘定科目は必ず「現金」となるため，出金伝票ではこれを省略して，借方の相手勘定科目と金額を記入する。

## ＜振替伝票＞

取引例：４月20日，商品￥50,000を仕入れ，代金は約束手形を振り出して支払った。

| （借方）振　替　伝　票<br>令和×年４月20日 | | 振　替　伝　票（貸方）<br>令和×年４月20日 | |
|---|---|---|---|
| 仕　　入 | 50,000 | 支払手形 | 50,000 |

振替伝票には，通常の仕訳と同様に，借方の勘定科目と金額，貸方の勘定科目と金額を記入する。

なお，振替取引には，上例のように現金の受払いを伴わない全部振替取引と，一部に現金の受払いを伴う一部振替取引とがある。

一部振替取引においては次のいずれかの方法で取引を処理する。

① 現金の受払いを伴う部分の取引は，入金伝票または出金伝票に記入し，それ以外の部分の取引を振替伝票へ記入する（取引を分解する方法）。

② 取引にかかわる全額をいったん振替取引として振替伝票に記入した後，現金の受払いにかかわる部分の取引を入金伝票または出金伝票に記入する（取引を擬制する方法）。

取引例として，「４月25日，備品￥100,000を購入し，代金のうち￥60,000は現金で支払い，残額は翌月末に支払うことにした」を用いて説明する。この取引について通常の仕訳を行うと次のようになる。

| | | | | | |
|---|---|---|---|---|---|
| 4/25 | （借）備　　品 | 100,000 | （貸）現　　金 | 60,000 |
| | | | 未　払　金 | 40,000 |

この取引を①の方法で処理すると次のようになる。

| 出　金　伝　票<br>令和×年４月25日 | |
|---|---|
| 備　　品 | 60,000 |

| (借方) 振替伝票<br>令和×年4月25日 | 振替伝票 (貸方)<br>令和×年4月25日 |
|---|---|
| 備　品　40,000 | 未払金　40,000 |

この方法における伝票記入を仕訳として示すと次のようになる。

出金伝票：4/25（借）備　　品　60,000（貸）現　　金　60,000

振替伝票：4/25（借）備　　品　40,000（貸）未 払 金　40,000

また②の方法で処理すると次のようになる。

| (借方) 振替伝票<br>令和×年4月25日 | 振替伝票 (貸方)<br>令和×年4月25日 |
|---|---|
| 備　品　100,000 | 未払金　100,000 |

| 出金伝票<br>令和×年4月25日 |
|---|
| 未払金　60,000 |

この方法における伝票記入を仕訳として示すと次のようになる。

振替伝票：4/25（借）備　　品　100,000（貸）未 払 金　100,000

出金伝票：4/25（借）未 払 金　60,000（貸）現　　金　60,000

すなわち，この方法では，備品を全額未払金で購入したとして振替伝票を起票し，その後ただちに未払金の一部の支払いが現金で行われたとして出金伝票を起票するものである。

**例題13-1**

次の取引について3伝票制によって起票しなさい。一部振替取引については，①取引を分解する方法と，②取引を擬制する方法の2つの方法で起票しなさい。

(1) 5月15日，従業員の出張のため，旅費として現金￥70,000を概算払いした。

(2) 5月20日，商品￥120,000を仕入れ，代金のうち￥30,000は現金で支払い，残額は掛けとした。

(3) 5月25日，商品￥200,000を売り上げ，代金のうち￥150,000は約束手形を受け取り，残額は掛けとした。

**解　答**

(1)

| 出 金 伝 票 | |
|---|---|
| 令和×年5月15日 | |
| 仮 払 金 | 70,000 |

(2) ①取引を分解する方法

| 出 金 伝 票 | |
|---|---|
| 令和×年5月20日 | |
| 仕　　入 | 30,000 |

| (借方) 振 替 伝 票 | | 振 替 伝 票 (貸方) | |
|---|---|---|---|
| 令和×年5月20日 | | 令和×年5月20日 | |
| 仕　　入 | 90,000 | 買 掛 金 | 90,000 |

② 取引を擬制する方法

| (借方) 振替伝票<br>令和×年5月20日 | | 振替伝票 (貸方)<br>令和×年5月20日 | |
|---|---|---|---|
| 仕　入 | 120,000 | 買掛金 | 120,000 |

| 出金伝票<br>令和×年5月20日 | |
|---|---|
| 買掛金 | 30,000 |

(3)

| (借方) 振替伝票<br>令和×年5月25日 | | 振替伝票 (貸方)<br>令和×年5月25日 | |
|---|---|---|---|
| 売掛金 | 200,000 | 売　上 | 200,000 |

| (借方) 振替伝票<br>令和×年5月25日 | | 振替伝票 (貸方)<br>令和×年5月25日 | |
|---|---|---|---|
| 受取手形 | 150,000 | 売掛金 | 150,000 |

**解　説**

(1) 出金伝票への記入を仕訳で示すと次のようになる。

5/15 (借) 仮　払　金　70,000 (貸) 現　　金　70,000

(2) ①取引を分解する方法

この方法では，商品¥120,000の仕入取引を現金取引部分（¥30,000）とそれ以外の取引部分（¥90,000）に分解して起票する。この方法における伝票記入を仕訳として示すと次のようになる。

出金伝票：5/20 (借) 仕　　入　30,000 (貸) 現　　金　30,000

振替伝票：5/20 (借) 仕　　入　90,000 (貸) 買 掛 金　90,000

② 取引を擬制する方法

この方法では，まず全額を掛けで仕入れたように振替伝票を起票し，その後，現金取引部分について出金伝票を起票する。この方法における伝票記入を仕訳として示すと次のようになる。

振替伝票：5/20（借）仕　　入　120,000（貸）買 掛 金　120,000
出金伝票：5/20（借）買 掛 金　30,000（貸）現　　金　30,000

(3) この取引は全部振替取引であるが，全額を掛け取引として振替伝票を起票し，その後，約束手形を受け取ったように振替伝票を起票する。伝票への記入を仕訳で示すと次のようになる。

振替伝票：5/25（借）売 掛 金　200,000（貸）売　　上　200,000
振替伝票：5/25（借）受取手形　150,000（貸）売 掛 金　150,000

## 3．伝票から帳簿への転記

伝票が起票されると，その内容は総勘定元帳へ転記される。このとき，起票された伝票１枚ごとに総勘定元帳へ転記することを**個別転記**といい，一定期間内に起票された複数の伝票をまとめて総勘定元帳へ転記することを**合計転記**という。

個別転記を行っている場合，起票された伝票の数が多くなると，作業が煩雑になり間違いも生じやすくなる。したがって，一定の期間（１日や１週間など）ごとに起票された伝票の内容を仕訳集計表に集計し，各勘定科目の合計金額をまとめて総勘定元帳へ転記する合計転記が行われる。

**例題13-2**

次の７月10日に起票された伝票①～③について，各勘定へ個別転記しなさい。

①

| 入 金 伝 票 | |
|---|---|
| 令和×年７月10日 | |
| 借 入 金 | 300,000 |

| 出 金 伝 票 | |
|---|---|
| 令和×年７月10日 | |
| 支払利息 | 15,000 |

②

| (借方) 振替伝票 | 振替伝票 (貸方) |
|---|---|
| 令和×年7月10日 | 令和×年7月10日 |
| 売掛金 200,000 | 売上 200,000 |

| 入金伝票 |
|---|
| 令和×年7月10日 |
| 売掛金 150,000 |

③

| 出金伝票 |
|---|
| 令和×年7月10日 |
| 買掛金 250,000 |

## 解答

現　　金

| | | | | | |
|---|---|---|---|---|---|
| 7/10 | 借入金 | 300,000 | 7/10 | 支払利息 | 15,000 |
| 〃 | 売掛金 | 150,000 | 〃 | 買掛金 | 250,000 |

売 掛 金

| | | | | | |
|---|---|---|---|---|---|
| 7/10 | 売上 | 200,000 | 7/10 | 現金 | 150,000 |

買 掛 金

| | | | | | |
|---|---|---|---|---|---|
| 7/10 | 現金 | 250,000 | | | |

借入金

| | | | | | |
|---|---|---|---|---|---|
| | | | 7/10 | 現　金 | 300,000 |

売上

| | | | | | |
|---|---|---|---|---|---|
| | | | 7/10 | 売掛金 | 200,000 |

支払利息

| | | | | | |
|---|---|---|---|---|---|
| 7/10 | 現　金 | 15,000 | | | |

## 解　説

起票された伝票の取引を推定し，伝票ごとに総勘定元帳へ転記を行う。入金伝票に記入された取引では，現金勘定の借方に転記する。出金伝票に記入された取引では，現金勘定の貸方に転記する。なお，①〜③で起票された伝票の取引を仕訳で示すと次のようになる。

| | | | | | | |
|---|---|---|---|---|---|---|
| ① | 入金伝票： | (借) 現　　金 | 300,000 | (貸) 借入金 | 300,000 |
| | 出金伝票： | (借) 支払利息 | 15,000 | (貸) 現　　金 | 15,000 |
| ② | 振替伝票： | (借) 売掛金 | 200,000 | (貸) 売　　上 | 200,000 |
| | 入金伝票： | (借) 現　　金 | 150,000 | (貸) 売掛金 | 150,000 |
| ③ | 出金伝票： | (借) 買掛金 | 250,000 | (貸) 現　　金 | 250,000 |

# 第14章

# 収益と費用

学習のポイント

① 決算において行われる，収益および費用の前受け・前払いと未収・未払いの手続きの意義と処理方法について学ぶ。

② 消耗品の処理方法について学ぶ。

## 1．収益および費用の前受け・前払いと未収・未払い

収益および費用は，通常，財やサービスの授受に対する代価の受払いが行われた時点でその取引が帳簿に記入される。したがって，財やサービスの授受が行われた時点と，その代価が受払いされた時点が同じ会計期間内であれば，帳簿に記入された金額が当期の収益または費用となる。

しかし，収益および費用には，契約によって一定期間にわたって継続的にサービスの授受が行われるものがある。たとえば，保険契約や不動産などの賃貸契約，金銭の貸借契約などは半年や1年といった期間にわたってサービスの授受が行われる取引である。このような取引において，サービスの授受が会計期間をまたいで行われると，代価の受払いが行われる会計期間とサービスの授受が行われる会計期間とが異なってくることが起こりうる。この場合に適切な処理を行わないと，「当期」の収益と「次期以降」の収益，「当期」の費用と「次期以降」の費用が混在することになり，「当期」の収益と「当期」の費用に基づいた適正な「当期」の純損益を算定できないことになる。

このような場合として以下の4つがある。

(1) 代価の支払いは済んでいるが，サービスの提供を受けていない期間があ

る場合

これは**費用の前払い**であり，その期間に対応する費用を次期以降の費用とする必要がある。

⑵ 代価の受取りは済んでいるが，サービスの提供を行っていない期間がある場合

これは**収益の前受け**であり，その期間に対応する収益を次期以降の収益とする必要がある。

⑶ 代価の支払いがまだ済んでいないが，すでにサービスの提供を受けている期間がある場合

これは**費用の未払い**であり，その期間に対応する費用を当期の費用として計上する必要がある。

⑷ 代価の受取りがまだ済んでいないが，すでにサービスの提供を行っている期間がある場合

これは**収益の未収**であり，その期間に対応する収益を当期の収益として計上する必要がある。

このように，サービスが会計期間をまたいで授受される場合，その代価について，当期に授受されたサービスに対する収益（もしくは費用）なのか，あるいは次期以降に授受されるサービスに対する収益（もしくは費用）なのかを適切に識別し，当期に授受されたサービスに対する収益と費用だけをもって当期の純損益を算定するための手続きが必要になる。

このような，決算において収益および費用の金額を，授受されるサービスの実態に対応させて修正する手続きは，収益および費用の前受け・前払いと未収・未払いと呼ばれ，適正な当期純損益を算定するために不可欠な処理となる。

## 2．収益および費用の前受け・前払い

### ⑴ 費用の前払い

当期に費用として支払いが済んでいるサービスについて，次期以降に提供されるサービスがある場合，その代価については実際にサービスが提供される次

期以降の費用とするのが合理的である。そこで決算に際して，すでに費用として支払っている代価のうち，次期以降の費用となる分を当期の費用から差し引き，適正な当期の費用額に修正したうえで，次期以降の費用となる分を資産（**前払費用**）として次期に繰り越す手続きがとられる。なお，前払費用の勘定には，前払保険料，前払家賃，前払地代，前払利息などがある。この前払費用の勘定は，決算において一時的に用いられる勘定であり，**経過勘定**と呼ばれる（後述の前受収益，未払費用，未収収益に属する勘定も同様に経過勘定である）。

たとえば，８月１日に１年間の保険契約を結び，保険料¥60,000を現金で支払ったとする（決算日は12月31日）。この取引において，次の仕訳が行われ，¥60,000の保険料が当期の費用に計上される。

8/1　（借）支 払 保 険 料　60,000　（貸）現　　　　金　60,000

しかし，下図に示されているとおり，当期の保険料に該当する部分は，８月から12月までの５カ月分，すなわち¥25,000 $\left(=¥60,000\times\frac{5カ月}{12カ月}\right)$ である。残りの¥35,000は，次期の１月から７月までの７カ月間の保険サービスに対する代価を前払いした分であるため，これは次期の費用となるべきものである。

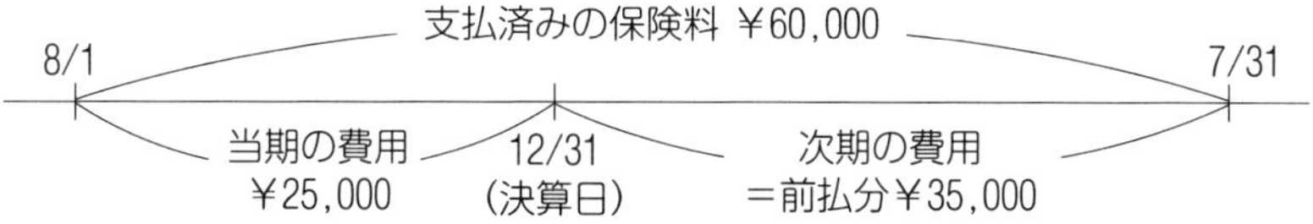


そこで，決算において，当期の費用として計上されている支払保険料から¥35,000を差し引き，すなわち，支払保険料勘定の貸方に記入し，同額を前払保険料勘定の借方に記入する。この仕訳を示すと次のようになる。

12/31　（借）前 払 保 険 料　35,000　（貸）支 払 保 険 料　35,000

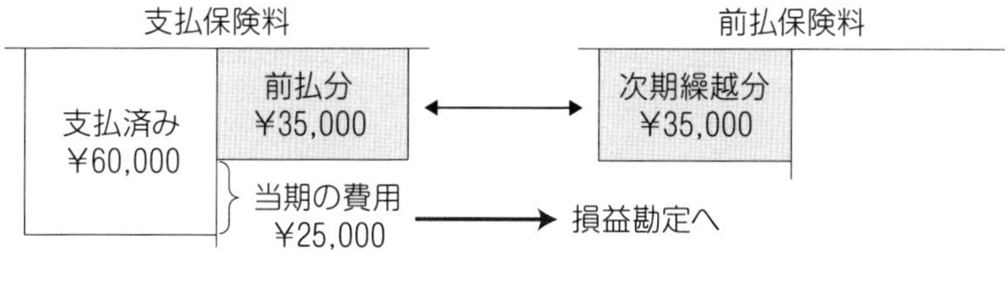

このように，支払保険料勘定から前払保険料勘定への振替仕訳を通じて，前払いした保険料を次期の費用とすることができるのである。一方，この手続きによって確定した当期分の支払保険料は，決算振替仕訳を通じて損益勘定へ振り替えられ，当期の費用として当期の収益と対応される。

しかし，この振替えにおいて，前払保険料勘定という資産の勘定を用いて次期へ繰り越しているため，翌期首に，決算で行ったのと反対の仕訳を行い，繰越額を費用の勘定（支払保険料）に戻す手続きを行う。これは**再振替仕訳**（再修正仕訳）と呼ばれる。この仕訳を示すと次のようになる。

| | | | | | |
|---|---|---|---|---|---|
| 1/1 | （借）支払保険料 | 35,000 | （貸）前払保険料 | 35,000 |

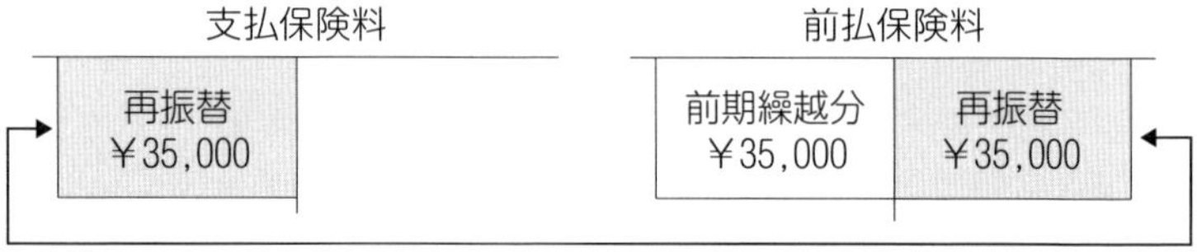


**例題14-1**

次の一連の取引を仕訳しなさい。

⑴　11月１日に，半年分の家賃¥240,000を現金で支払った。

⑵　決算日（12月31日）につき，上記の家賃の前払分を計上したうえで，当期分は損益勘定に振り替えた。

⑶　翌期首に再振替仕訳を行った。

**解　答**

| | | | | | |
|---|---|---|---|---|---|
| ⑴ | 11/ 1 | （借）支払家賃 | 240,000 | （貸）現　　金 | 240,000 |
| ⑵ | 12/31 | （借）前払家賃 | 160,000 | （貸）支払家賃 | 160,000 |
| | | （借）損　　益 | 80,000 | （貸）支払家賃 | 80,000 |
| ⑶ | 1/ 1 | （借）支払家賃 | 160,000 | （貸）前払家賃 | 160,000 |

**解　説**

⑴　家賃の支払いの仕訳であり，この時点で¥240,000の費用（支払家賃）が計上

される。

⑵　11月1日に支払った半年分の家賃のうち，当期の費用となるのは2カ月分の¥80,000 $\left(=¥240,000\times\frac{2カ月}{6カ月}\right)$ であり，この当期分の費用が損益勘定へ振り替えられる。また次期の費用となるのは¥160,000（=¥240,000－¥80,000）であり，前払家賃勘定（資産の勘定）を用いて処理する。

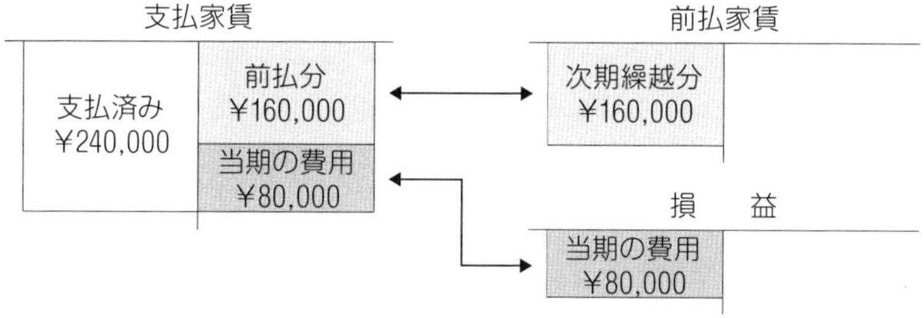


⑶　決算日の翌日に再振替仕訳を行い，資産の勘定（前払家賃）から費用の勘定（支払家賃）へ戻す。

## ⑵　収益の前受け

当期に収益として代価を受け取っているサービスについて，次期以降に提供するサービスがある場合，その代価については実際にサービスを提供する次期以降の収益とするのが合理的である。そこで決算に際して，すでに収益として受け取っている代価のうち，次期以降の収益となる分を当期の収益から差し引き，適正な当期の収益額に修正したうえで，次期以降の収益となる分を負債（**前受収益**）として次期に繰り越す手続きがとられる。なお，前受収益の勘定には，前受地代，前受家賃，前受利息などがある。

たとえば，所有する倉庫を賃貸することにし，9月1日に1年分の家賃¥180,000を現金で受け取ったとする（決算日は12月31日）。この取引において，次の仕訳が行われ，¥180,000の家賃が当期の収益に計上される。

9/1（借）現　　　　金　180,000　（貸）受 取 家 賃　180,000

しかし，次図に示されているとおり，当期の家賃に該当する部分は，9月から12月までの4カ月分，すなわち¥60,000 $\left(=¥180,000\times\frac{4カ月}{12カ月}\right)$ である。残りの¥120,000は，次期の1月から8月までの8カ月間に倉庫を賃貸することに対する代価を前受けした分であるため，これは次期の収益となるべきものである。

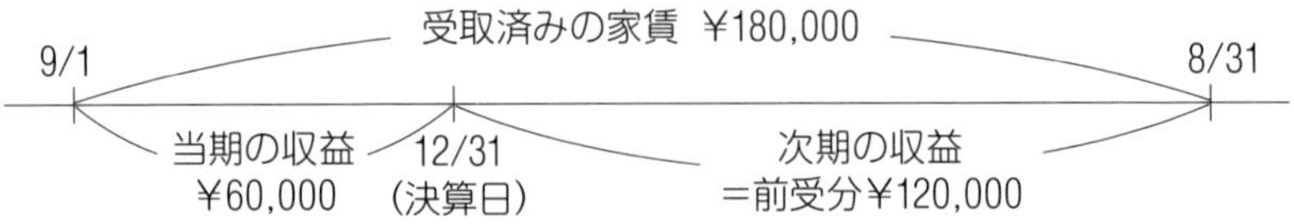


そこで，決算において，当期の収益として計上されている受取家賃から¥120,000を差し引き，すなわち，受取家賃勘定の借方に記入し，同額を前受家賃勘定の貸方に記入する。この仕訳を示すと次のようになる。

12/31 （借）受　取　家　賃　120,000 （貸）前　受　家　賃　120,000

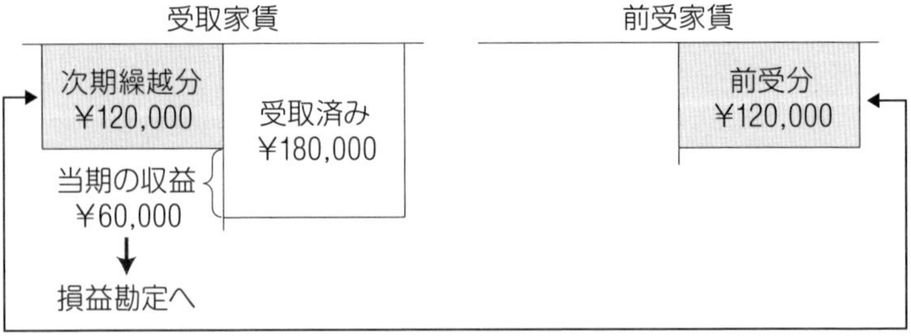


このように，受取家賃勘定から前受家賃勘定への振替仕訳を通じて，前受けした家賃を次期の収益とすることができるのである。一方，この手続きによって確定した当期分の受取家賃は，決算振替仕訳を通じて損益勘定へ振り替えられ，当期の収益として当期の費用と対応される。

しかし，この振替えにおいて，前受家賃勘定という負債の勘定を用いて次期へ繰り越しているため，翌期首に，次のような再振替仕訳を行い，繰越額を収益の勘定（受取家賃）に戻す手続きを行う。

1/1 （借）前　受　家　賃　120,000 （貸）受　取　家　賃　120,000

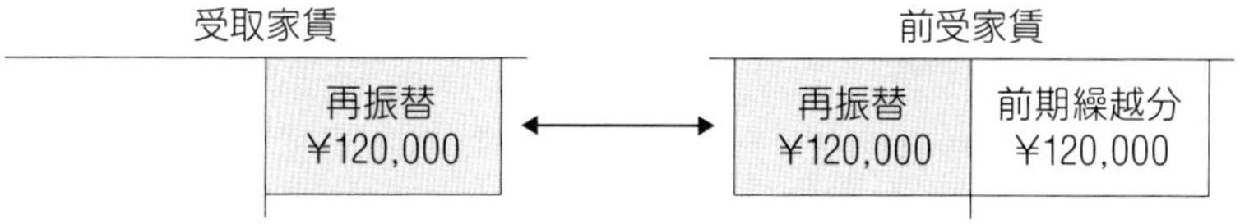


**例題14- 2**

次の一連の取引を仕訳しなさい。

⑴　10月 1 日に，半年分の地代¥150,000を現金で受け取った。

⑵　決算日（12月31日）につき，上記の地代の前受分を計上したうえで，当期分は損益勘定に振り替えた。

⑶　翌期首に再振替仕訳を行った。

**解　答**

| | | | | | | | |
|---|---|---|---|---|---|---|---|
| ⑴ | 10/ 1 | （借） | 現　　　　金 | 150,000 | （貸） | 受　取　地　代 | 150,000 |
| ⑵ | 12/31 | （借） | 受　取　地　代 | 75,000 | （貸） | 前　受　地　代 | 75,000 |
| | | （借） | 受　取　地　代 | 75,000 | （貸） | 損　　　　益 | 75,000 |
| ⑶ | 1/ 1 | （借） | 前　受　地　代 | 75,000 | （貸） | 受　取　地　代 | 75,000 |

**解　説**

⑴　地代の受取りの仕訳であり，この時点で¥150,000の収益（受取地代）が計上される。

⑵　10月 1 日に支払った半年分の地代のうち，当期の収益となるのは 3 カ月分の¥75,000 $\left(=¥150,000\times\frac{3カ月}{6カ月}\right)$ であり，この当期分の収益が損益勘定へ振り替えられる。また次期の収益となるのは¥75,000（=¥150,000－¥75,000）であり，前受地代勘定（負債の勘定）を用いて処理する。

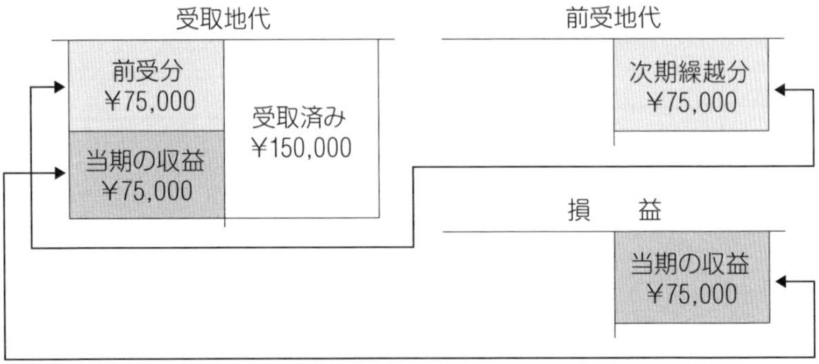


(3) 決算日の翌日に再振替仕訳を行い，負債の勘定（前受地代）から収益の勘定（受取地代）へ戻す。

## 3．収益および費用の未収・未払い

### (1) 費用の未払い

当期に受けたサービスについて次期以降にその代価の支払いがなされる場合，当期においてはまだ代価の支払いがなされていないため帳簿に記入されておらず，当期の費用として計上されていないが，当期に受けたサービスについての代価は当期の費用とするのが合理的である。そこで決算に際して，当期に受けたサービスについての代価を当期の費用として追加計上し，適正な当期の費用額に修正する。しかし，その追加計上額は実際には未払いであり，次期以降に支払う義務を負うため，負債（**未払費用**）の勘定を用いて次期に繰り越す手続きがとられる。なお，未払費用の勘定には，未払地代，未払家賃，未払利息などがある。

たとえば，４月１日に銀行から年利率６％，利払日年２回（９月30日と３月31日），２年間の契約で現金¥500,000を借り入れたとする（決算日は12月31日）。９月30日の利払日に，半年分の利息を現金で支払ったとすると，次の仕訳が行われ，¥15,000 $\left(=¥500,000\times 6\%\times\frac{6カ月}{12カ月}\right)$ の支払利息が当期の費用に計上される。

9/30 (借) 支　払　利　息　15,000 (貸) 現　　　　　金　15,000

次の利払日は3月31日であるが，これは次期になるため，当期の10月から12月までの3カ月間に対する利息は当期には計上されず，次期に費用として計上されることになる。しかし，下図に示されているとおり，当期の10月から12月までの3カ月間に対する利息¥7,500 $\left(=¥500,000\times 6\%\times\frac{3カ月}{12カ月}\right)$ は当期の費用とすべきものである。

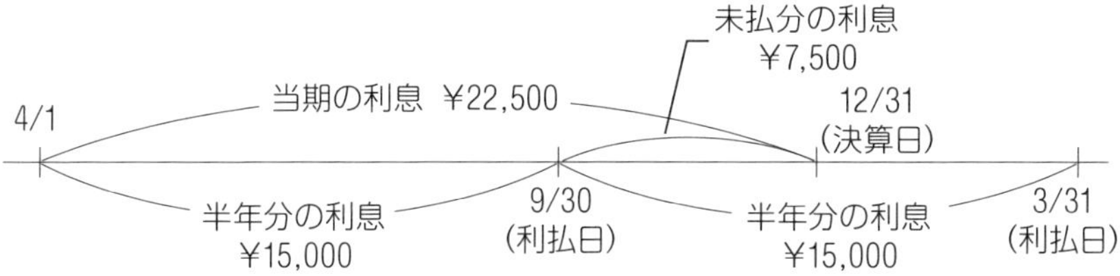


そこで，決算において，未払分の支払利息を当期の費用として計上し，すなわち，支払利息勘定の借方に記入し，同額を未払利息勘定の貸方に記入する。この仕訳を示すと次のようになる。

12/31 (借) 支　払　利　息　7,500 (貸) 未　払　利　息　7,500

このように，未払分の利息を追加計上することで当期の費用とすることができ，当期分の支払利息額が確定するので，これが決算振替仕訳を通じて損益勘定へ振り替えられ，当期の費用として当期の収益と対応される。一方，追加計上した未払分の利息は未払利息勘定という負債の勘定を用いて次期へ繰り越される。そこで，翌期首に，次のような再振替仕訳を行い，繰越額を費用の勘定(支払利息)に戻す手続きを行う。

| | | | | | |
|---|---|---|---|---|---|
| 1/1 | (借) 未払利息 | 7,500 | (貸) 支払利息 | 7,500 |

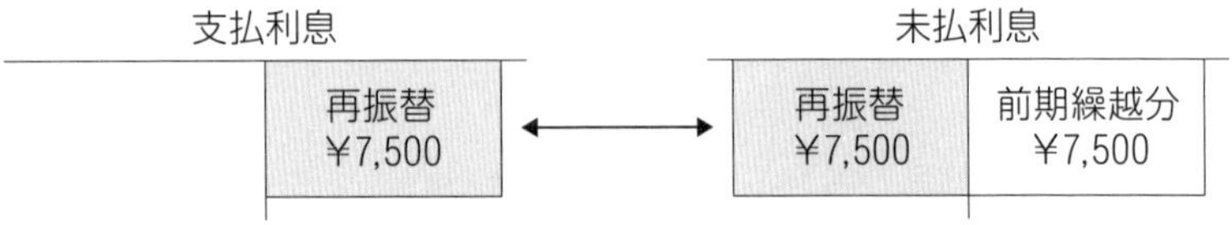


そして，3月31日に利払日が到来し，半年分の利息¥15,000を現金で支払ったとすると，次のような仕訳が行われる。

| | | | | |
|---|---|---|---|---|
| 3/31 | (借) 支払利息 | 15,000 | (貸) 現金 | 15,000 |

すると，再振替仕訳により，前期の費用分が貸方に記入されているため，3月31日に支払った利息¥15,000が計上されたとしても，当期の費用は1月から3月までの3カ月分である¥7,500となり，適切に当期の費用が計上されることになる。

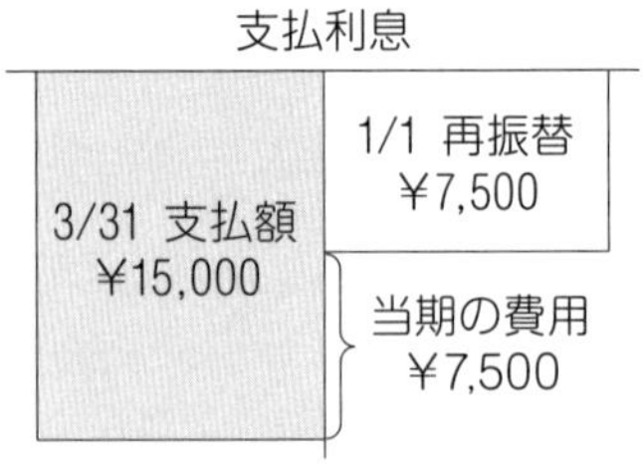


**例題14-3**

次の一連の取引を仕訳しなさい。

(1) 9月1日に，店舗を1カ月¥80,000で賃借する契約を結び，11月30日に3カ月分の家賃¥240,000を現金で支払った（家賃は3カ月ごと後払い）。

(2) 決算日（12月31日）につき，家賃の未払分を当期に計上したうえで，当期分の支払家賃を損益勘定に振り替えた。

(3) 翌期首に再振替仕訳を行った。

(4) 2月28日，3カ月分の家賃¥240,000を現金で支払った。

## 解　答

| | | | | | | | |
|---|---|---|---|---|---|---|---|
| (1) | 11/30 | (借) | 支　払　家　賃 | 240,000 | (貸) | 現　　　　金 | 240,000 |
| (2) | 12/31 | (借) | 支　払　家　賃 | 80,000 | (貸) | 未　払　家　賃 | 80,000 |
| | | (借) | 損　　　　益 | 320,000 | (貸) | 支　払　家　賃 | 320,000 |
| (3) | 1/ 1 | (借) | 未　払　家　賃 | 80,000 | (貸) | 支　払　家　賃 | 80,000 |
| (4) | 2/28 | (借) | 支　払　家　賃 | 240,000 | (貸) | 現　　　　金 | 240,000 |

## 解　説

(1) 家賃の支払いの仕訳であり，この時点で¥240,000の費用（支払家賃）が計上される。

(2) 12月分の家賃はまだ支払っていないが，当期に賃借したものであるため，当期の費用とするのが合理的である。したがって，未払分の¥80,000を当期の費用に計上する。すると，当期の支払家賃は¥320,000となり，これが損益勘定へ振り替えられる。なお，未払分の家賃は負債の勘定（未払家賃）を用いて次期へ繰り越される。

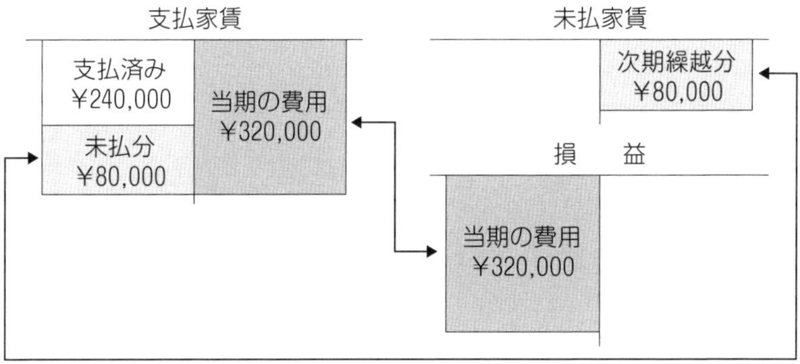


(3) 決算日の翌日に再振替仕訳を行い，次期に繰り越した未払家賃を負債の勘定から費用の勘定（支払家賃）へ戻す。

(4) 家賃の支払いの仕訳であるが，この時点で¥240,000の費用（支払家賃）が計上されるが，再振替の手続きを経て，前期の費用となるべき分¥80,000が控除される（支払家賃勘定の貸方に記入されている）ため，当期の費用（支払家賃）は¥160,000となる。

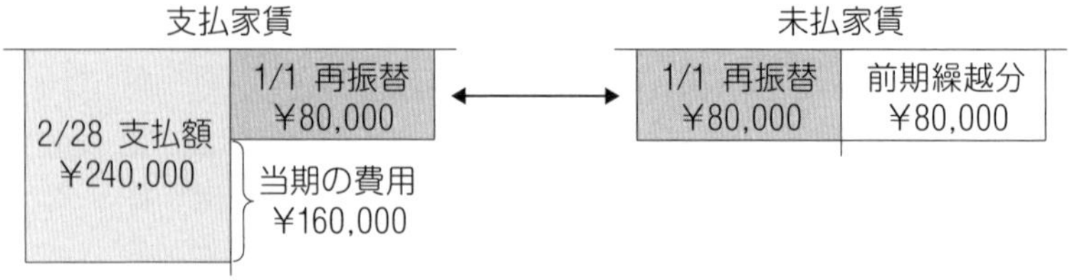


### ⑵　収益の未収

当期に提供するサービスについて次期以降にその代価を受け取る場合，当期においてはまだ代価の受け取りがなされていないため帳簿に記入されておらず，当期の収益として計上されていないが，当期に提供したサービスについての代価は当期の収益とするのが合理的である。そこで決算に際して，当期に提供したサービスについての代価を当期の収益として追加計上し，適正な当期の収益額に修正する。しかし，その追加計上額は実際には未収であり，次期以降に受け取る権利をもつため，資産（**未収収益**）の勘定を用いて次期に繰り越す手続きがとられる。なお，未収収益の勘定には，未収地代，未収家賃，未収利息などがある。

たとえば，3月1日に得意先商店に年利率5％，利払日年2回（8月31日と2月28日），2年間の契約で現金¥300,000を貸し付けたとする（決算日は12月31日）。8月31日の利払日に，半年分の利息を現金で受け取ったとすると，次の仕訳が行われ，¥7,500 $\left(=¥300,000\times 5\%\times\frac{6カ月}{12カ月}\right)$ の受取利息が当期の収益に計上される。

8/31　（借）現　　　　金　　7,500　（貸）受　取　利　息　　7,500

次の利払日は2月28日であるが，これは次期になるため，当期の9月から12月までの4カ月間に対する利息は当期には計上されず，次期に収益として計上されることになる。しかし，次図に示されているとおり，当期の9月から12月までの4カ月間に対する利息¥5,000 $\left(=¥300,000\times 5\%\times\frac{4カ月}{12カ月}\right)$ は当期の収益とすべきものである。

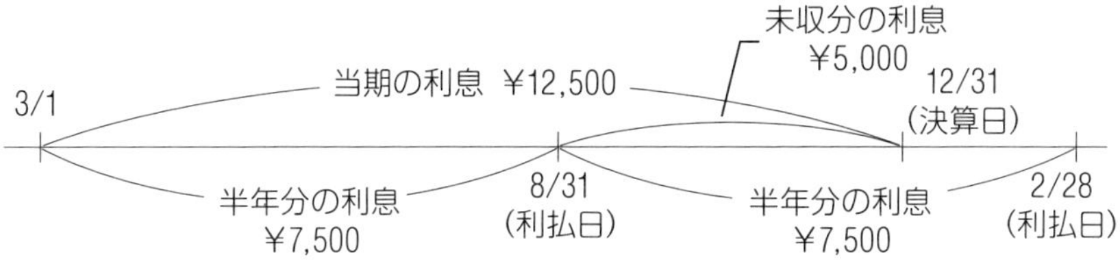


そこで，決算において，未収分の受取利息を当期の収益として計上し，すなわち，受取利息勘定の貸方に記入し，同額を未収利息勘定の借方に記入する。この仕訳を示すと次のようになる。

12/31 （借）未 収 利 息　　5,000 （貸）受 取 利 息　　5,000

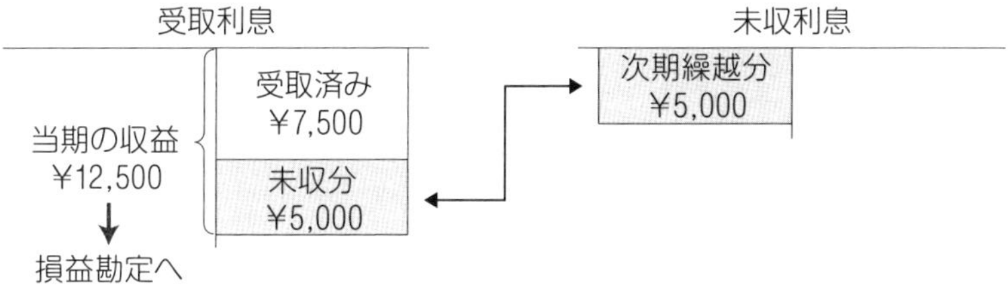


このように，未収分の利息を追加計上することで当期の収益とすることができ，当期分の受取利息額が確定するので，これが決算振替仕訳を通じて損益勘定へ振り替えられ，当期の収益として当期の費用と対応される。一方，追加計上した未収分の利息は未収利息勘定という資産の勘定を用いて次期へ繰り越される。そこで，翌期首に，次のような再振替仕訳を行い，繰越額を収益の勘定（受取利息）に戻す手続きを行う。

1/1 （借）受 取 利 息　　5,000 （貸）未 収 利 息　　5,000

そして，2月28日に利払日が到来し，半年分の利息¥7,500を現金で受け取ったとすると，次のような仕訳が行われる。

| | | | | | |
|---|---|---|---|---|---|
| 2/28 | (借) 現　　金 | 7,500 | (貸) 受取利息 | 7,500 |

すると，再振替仕訳により，前期の収益分が借方に記入されているため，2月28日に受け取った利息¥7,500が計上されたとしても，当期の収益は１月から２月までの２カ月分である¥2,500となり，適切に当期の収益が計上されることになる。

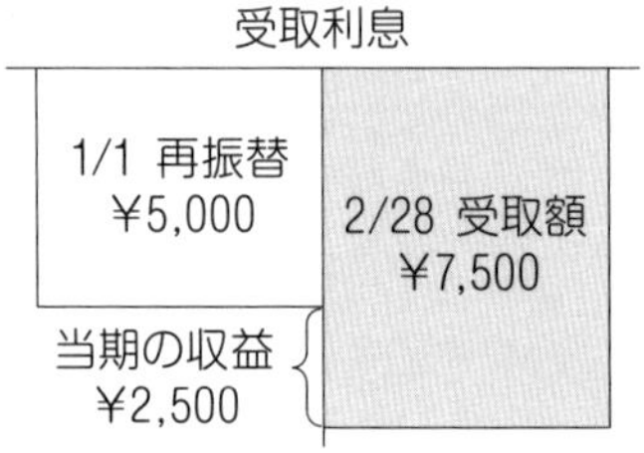


**例題14-４**

次の一連の取引を仕訳しなさい。

(1)　８月１日に，得意先商店に土地を１カ月¥50,000で賃貸する契約を結び，10月31日に３カ月分の地代¥150,000を現金で受け取った（地代は３カ月ごと後払い）。

(2)　決算日（12月31日）につき，地代の未収分を当期に計上したうえで，当期分の受取地代を損益勘定に振り替えた。

(3)　翌期首に再振替仕訳を行った。

(4)　１月31日，３カ月分の地代¥150,000を現金で受け取った。

**解　答**

| | | | | | |
|---|---|---|---|---|---|
| (1) | 10/31 | (借) 現　　金 | 150,000 | (貸) 受取地代 | 150,000 |
| (2) | 12/31 | (借) 未収地代 | 100,000 | (貸) 受取地代 | 100,000 |
| | | (借) 受取地代 | 250,000 | (貸) 損　　益 | 250,000 |
| (3) | 1/ 1 | (借) 受取地代 | 100,000 | (貸) 未収地代 | 100,000 |
| (4) | 1/31 | (借) 現　　金 | 150,000 | (貸) 受取地代 | 150,000 |

## 解　説

⑴　地代の受取りの仕訳であり，この時点で¥150,000の収益（受取地代）が計上される。

⑵　11月と12月分の地代はまだ受け取っていないが，当期に賃貸したものであるため，当期の収益とするのが合理的である。したがって，未収分の¥100,000を当期の収益に計上する。すると，当期の受取地代は¥250,000となり，これが損益勘定へ振り替えられる。なお，未収分の地代は資産の勘定（未収地代）を用いて次期へ繰り越される。

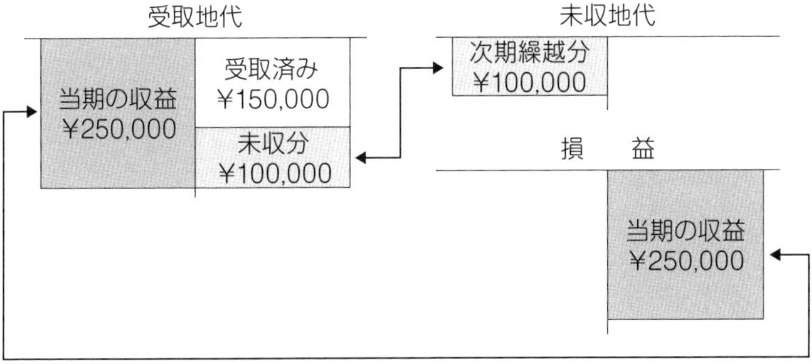


⑶　決算日の翌日に再振替仕訳を行い，次期に繰り越した未収地代を資産の勘定から収益の勘定（受取地代）へ戻す。

⑷　地代の受取りの仕訳であるが，この時点で¥150,000の収益（受取地代）が計上されるが，再振替の手続きを経て，前期の収益となるべき分¥100,000が控除される（受取地代勘定の借方に記入されている）ため，当期の収益（受取地代）は¥50,000となる。

## 4．消耗品と貯蔵品の処理

### (1) 消耗品の処理

消耗品とは，購入金額が比較的小さく，短期間のうちに使用される物品のことをいい，ボールペンなどの事務用品などがその典型的な例である。このような消耗品を購入したときには，**消耗品費勘定**（費用の勘定）で処理する。

なお，購入した消耗品のすべてが当期中に使用されるとは限らない。しかし，未使用とはいえ消耗品の換金性は低いため，それを決算時に資産として計上することはせず，あくまで消耗品を購入した期間の費用として計上することが一般的である。

たとえば，7月1日にボールペン（@￥100）を50本購入したならば，次のような仕訳を行う（決算日は12月31日）。

| | | | | |
|---|---|---|---|---|
| 7/ 1 | （借）消　耗　品　費 | 5,000 | （貸）現　金　な　ど | 5,000 |
| 12/31 | 仕訳なし | | | |

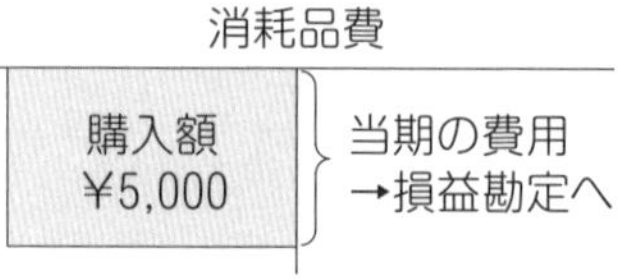


### (2) 貯蔵品の処理

貯蔵品とは，決算日において未使用の郵便切手や収入印紙のことをいい，それらを**貯蔵品勘定**（資産の勘定）で処理する。なぜなら，未使用の郵便切手や収入印紙は換金性が高いからである。

郵便切手と収入印紙は，購入時に通信費勘定（費用の勘定）と租税公課勘定（費用の勘定）でそれぞれ処理するが，当期中に使用しなかった分は貯蔵品勘定に振り替えることによって資産として計上する。

たとえば，7月1日に切手（@￥84）を50枚購入したが，当期に使用したのはそのうち40枚であり，決算日には未使用分の切手10枚が確認されたならば，次のような仕訳を行う（決算日は12月31日）。

| | | | | | |
|---|---|---|---|---|---|
| 7/ 1 | （借）通　信　費 | 4,200 | （貸）現 金 な ど | 4,200 |
| 12/31 | （借）貯　蔵　品 | 840 | （貸）通　信　費 | 840 |

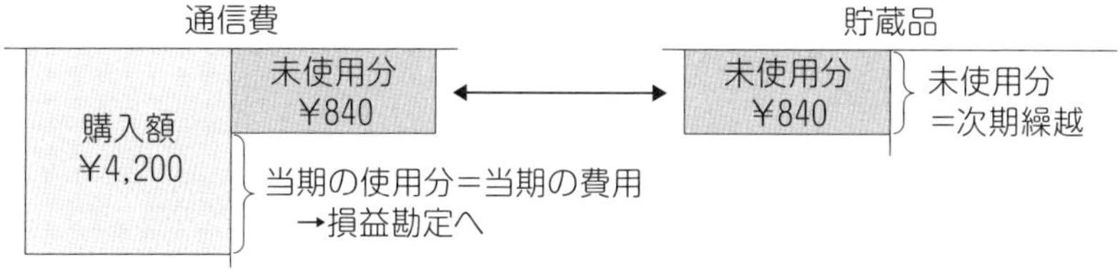


また，貯蔵品は，次期以降に使用されるので，前払費用の処理と同じように翌期首に貯蔵品勘定を通信費勘定や租税公課勘定に振り替える（再振替仕訳）。

| | | | | |
|---|---|---|---|---|
| 1/ 1 | （借）通　信　費 | 840 | （貸）貯　蔵　品 | 840 |

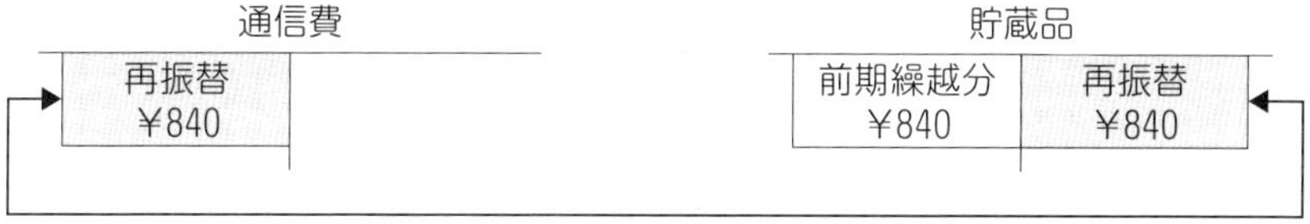


## 例題14- 5

次の一連の取引を仕訳しなさい。

(1)　7月1日に，事務用品（消耗品）¥20,000と郵便切手¥30,000と収入印紙¥40,000を購入し，現金で支払った。

(2)　決算日（12月31日）に際し，郵便切手の未使用分が¥10,000と収入印紙の未使用分が¥15,000あった。

(3)　翌期首（1月1日）に再振替仕訳をした。

## 解　答

| | | | | |
|---|---|---|---|---|
| (1) | （借）消 耗 品 費 | 20,000 | （貸）現　　　金 | 90,000 |
| | 通　信　費 | 30,000 | | |
| | 租 税 公 課 | 40,000 | | |

| | | | | | |
|---|---|---|---|---|---|
| (2) | (借) 貯蔵品 | 25,000 | (貸) 通信費 | 10,000 |
| | | | 租税公課 | 15,000 |
| (3) | (借) 通信費 | 10,000 | (貸) 貯蔵品 | 25,000 |
| | 租税公課 | 15,000 | | |

## 解　説

(1) 消耗品を購入した分は，消耗品費勘定で処理する。また，郵便切手と収入印紙を購入した分は，それぞれ通信費勘定と租税公課勘定で処理する。

(2) 決算日に際し，郵便切手と収入印紙の未使用分をそれぞれ費用の勘定から貯蔵品勘定に振り替える。これは決算整理仕訳の１つである。なお，消耗品については，未使用分があったとしても資産の勘定には振り替えない。

(3) 上記(2)の反対仕訳を行うことで，前期末に貯蔵品勘定に振り替えた分を通信費勘定と租税公課勘定にそれぞれ戻す仕訳を行う（再振替仕訳）。

# 第15章
# 決　算 (2)

**学習のポイント**

① 決算の意義と手続きを学ぶ。
② 決算予備手続きで行われる，試算表の作成，仕訳帳の締切り，棚卸表の作成，決算整理について学ぶ。
③ 決算本手続きで行われる，総勘定元帳の締切り，仕訳帳の締切り，繰越試算表の作成について学ぶ。
④ 損益計算書と貸借対照表の作成方法を学ぶ。

## 1．決算の意義と手続き

決算とは，企業の一定期間における経営成績と一定時点における財政状態を明らかにし，利害関係者に報告するため，期末に総勘定元帳の記録を整理・集計し，各種帳簿を締め切り，**財務諸表**（損益計算書と貸借対照表）を作成する一連の手続きをいう。

決算の手続きは，第４章で説明したように，(1)決算予備手続き，(2)決算本手続き，(3)財務諸表の作成という順序で行われる。

| (1) 決算予備手続き | | (2) 決算本手続き | | (3) 財務諸表の作成 |
|---|---|---|---|---|
| ①試算表の作成<br>②仕訳帳の締切り<br>③棚卸表の作成<br>④決算整理 | ⇨ | ①総勘定元帳の締切り<br>②仕訳帳の締切り<br>③繰越試算表の作成 | ⇨ | ①損益計算書の作成<br>②貸借対照表の作成 |

## 2．決算予備手続き

決算予備手続きでは，期中に行われた取引記録の正確性の検証と勘定記録の修正を目的に，⑴試算表の作成，⑵仕訳帳の締切り，⑶棚卸表の作成，⑷決算整理という４つの手続きが行われる。

### ⑴ 試算表の作成

試算表は，第４章で説明したように，総勘定元帳の各勘定口座の借方および貸方の合計額や残高を１つの表に集計したものであり，総勘定元帳の各勘定口座への記録の正確性を貸借平均の原理に基づき検証するために作成される。試算表には，合計試算表，残高試算表，合計残高試算表の３種類がある。

合計試算表は，各勘定口座の借方および貸方の合計額を１つの表に集計したものであり，残高試算表は，各勘定口座の借方残高または貸方残高を１つの表に集計したものであり，合計残高試算表は，合計試算表と残高試算表を１つの表にまとめたものである。

### ⑵ 仕訳帳の締切り

試算表を作成し，期中の取引記録の正確性の検証が終わると，仕訳帳について，期中取引の仕訳の合計金額を借方・貸方それぞれについて算定し，いったん締め切る。

### ⑶ 棚卸表の作成

決算に際して，期中の取引記録の修正あるいは追加が必要になることがある。このような決算における期中の帳簿記録の修正・追加手続きを**決算整理**といい，決算整理が必要な事項は決算整理事項と呼ばれる。決算整理事項については，これまで各章の説明の中で解説してきたが，主な決算整理事項として，①現金過不足の処理，②当座借越の振替，③売上原価の算定，④貸倒引当金の設定，⑤固定資産の減価償却，⑥収益および費用の前受け・前払いと未収・未払いに関する処理，⑦貯蔵品の処理，⑧法人税，住民税及び事業税の計上，⑨未払消費税の計上などがある。

決算整理においては，修正・追加が必要な事項（決算整理事項）について，事実関係を調査し，その結果を**棚卸表**と呼ばれる一覧表にまとめる。棚卸表の記載例を示すと以下のとおりである。

棚　卸　表
令和×年12月31日

| 勘定科目 | 摘　要 | 内　訳 | 金　額 |
|---|---|---|---|
| 貸倒引当金 | 売掛金期末残高¥500,000の３％ | 15,000 | |
| | 貸倒引当金残高 | 5,000 | 10,000 |
| 繰越商品 | X商品　@¥800×500個 | 400,000 | |
| | Y商品　@¥600×600個 | 360,000 | |
| | Z商品　@¥550×400個 | 220,000 | 980,000 |
| 減価償却費 | 間接法により計上 | | |
| | 備品　取得原価¥400,000，耐用年数４年，残存価額は取得原価の10% | | 90,000 |
| 前払保険料 | ３カ月分 | | 30,000 |
| 未払利息 | ４カ月分 | | 20,000 |

## (4)　決算整理

棚卸表に記載されている決算整理事項に基づき，決算整理を行う。決算整理に伴う決算整理仕訳は，仕訳帳に記入し（仕訳帳は上記(2)でいったん締め切っているが，それに続けて決算整理仕訳を記入する），それを元帳へ転記することによって，勘定記録の修正・追加を行う。

決算整理仕訳についてはこれまで各章の説明の中で解説してきたが，主な決算整理仕訳をまとめると次のようになる。

①　**現金過不足の処理**（第５章参照）

a）帳簿残高＜実際有高の場合

（借）現金過不足　×××　（貸）雑　益　×××

b）帳簿残高＞実際有高の場合

（借）雑　損　×××　（貸）現金過不足　×××

② **当座借越の振替**（第5章参照）

（借）当座預金　×××　（貸）当座借越　×××

③ **売上原価の算定**（第6章参照）

a）仕入勘定で算定する場合

（借）仕　　　入　×××　（貸）繰越商品　×××

（借）繰越商品　×××　（貸）仕　　　入　×××

b）売上原価勘定で算定する場合

（借）売上原価　×××　（貸）繰越商品　×××

（借）売上原価　×××　（貸）仕　　　入　×××

（借）繰越商品　×××　（貸）売上原価　×××

④ **貸倒引当金の設定（差額補充法）**（第7章参照）

a）貸倒見積額＞貸倒引当金残高の場合

（借）貸倒引当金繰入　×××　（貸）貸倒引当金　×××

b）貸倒見積額＜貸倒引当金残高の場合

（借）貸倒引当金　×××　（貸）貸倒引当金戻入　×××

⑤ **固定資産の減価償却**（第10章参照）

（借）減価償却費　×××　（貸）減価償却累計額　×××

⑥ **収益および費用の前受け・前払いと未収・未払いに関する処理**（第14章参照）

a）費用の前払い

（借）前払費用の勘定　×××　（貸）費用の勘定　×××

b）収益の前受け

（借）収益の勘定　×××　（貸）前受収益の勘定　×××

c）費用の未払い

（借）費用の勘定　×××　（貸）未払費用の勘定　×××

d）収益の未収

（借）未収収益の勘定　×××　（貸）収益の勘定　×××

⑦ **貯蔵品の処理**（第14章参照）

a）通信費の場合

（借）貯　蔵　品　×××　（貸）通　信　費　×××

b）租税公課の場合

| | | | | | |
|---|---|---|---|---|---|
| (借) | 貯蔵品 | ××× | (貸) | 租税公課 | ××× |

⑧ **法人税，住民税及び事業税の計上**（第12章参照）

a）中間納付していない場合

| | | | | | |
|---|---|---|---|---|---|
| (借) | 法人税，住民税及び事業税 | ××× | (貸) | 未払法人税等 | ××× |

b）中間納付していた場合

| | | | | | |
|---|---|---|---|---|---|
| (借) | 法人税，住民税及び事業税 | ××× | (貸) | 仮払法人税等 | ××× |
| | | | | 未払法人税等 | ××× |

⑨ **未払消費税の計上**（第12章参照）

| | | | | | |
|---|---|---|---|---|---|
| (借) | 仮受消費税 | ××× | (貸) | 仮払消費税 | ××× |
| | | | | 未払消費税 | ××× |

**例題15-1**

次の(A)決算整理前残高試算表と(B)決算整理事項に基づき，決算整理仕訳を行いなさい。

(A)　決算整理前残高試算表

決算整理前残高試算表
令和×年12月31日

| 借　方 | 勘定科目 | 貸　方 |
|---|---|---|
| 180,000 | 現金 | |
| 300,000 | 当座預金 | |
| 200,000 | 売掛金 | |
| 220,000 | 繰越商品 | |
| 300,000 | 備品 | |
| | 買掛金 | 230,000 |
| | 借入金 | 200,000 |
| | 貸倒引当金 | 2,000 |
| | 減価償却累計額 | 108,000 |
| | 資本金 | 500,000 |
| | 繰越利益剰余金 | 60,000 |
| | 売上 | 933,000 |
| 570,000 | 仕入 | |

| | | |
|---|---|---|
| 150,000 | 給　　　　料 | |
| 96,000 | 支　払　家　賃 | |
| 8,000 | 通　　信　　費 | |
| 9,000 | 支　払　利　息 | |
| 2,033,000 | | 2,033,000 |

(B)　決算整理事項

1.　現金の実際有高は￥185,000であったが，不一致の原因は不明である。

2.　売掛金の期末残高に対して，３%の貸倒れを見積もる（差額補充法）。

3.　期末商品棚卸高は，￥205,000である。売上原価は「仕入」勘定を用いて算定する。

4.　備品は，定額法によって減価償却を行う（耐用年数５年，残存価額は取得原価の10%）。なお，記帳は間接法による。

5.　切手の未使用分が，￥1,200ある。

6.　家賃の前払分が，￥24,000ある。

7.　利息の未払分が，￥3,000ある。

## 解　答

| | | | | | | |
|---|---|---|---|---|---|---|
| 1. | (借) | 現　　　　金 | 5,000 | (貸) | 雑　　　　益 | 5,000 |
| 2. | (借) | 貸倒引当金繰入 | 4,000 | (貸) | 貸倒引当金 | 4,000 |
| 3. | (借) | 仕　　　　入 | 220,000 | (貸) | 繰越商品 | 220,000 |
| | (借) | 繰越商品 | 205,000 | (貸) | 仕　　　　入 | 205,000 |
| 4. | (借) | 減価償却費 | 54,000 | (貸) | 減価償却累計額 | 54,000 |
| 5. | (借) | 貯　蔵　品 | 1,200 | (貸) | 通　信　費 | 1,200 |
| 6. | (借) | 前払家賃 | 24,000 | (貸) | 支払家賃 | 24,000 |
| 7. | (借) | 支払利息 | 3,000 | (貸) | 未払利息 | 3,000 |

## 解　説

決算整理前残高試算表と決算整理事項に基づき，決算整理仕訳を行えばよい。

1．現金の帳簿残高は¥180,000であるから，実際有高との差額¥5,000を雑益勘定で処理する。

2．貸倒れの引当額は，売掛金の期末残高の３％から貸倒引当金の期末残高¥2,000を控除した¥4,000（＝¥200,000×３％－¥2,000）である。

3．売上原価は「仕入」勘定を用いて算定するため，期首商品棚卸高¥220,000を仕入勘定へ振り替え，期末商品棚卸高¥205,000を仕入勘定から控除し，次期繰越額として繰越商品勘定へ記入する。

4．減価償却費は，{¥300,000－（¥300,000×10％)}／５年＝¥54,000となる。

5．決算整理前残高試算表に通信費勘定があることから，切手を購入した時点で費用計上しているため，未使用分¥1,200を貯蔵品勘定（資産の勘定）へ振り替える手続きをとる。

6．支払家賃のうち，前払いした¥24,000を次期の費用とするため，前払家賃勘定（資産の勘定）を用いて計上する。

7．利息の未払額¥3,000を今期の費用とするため，未払利息勘定（負債の勘定）を用いて計上する。

決算整理後残高試算表

令和×年12月31日

| 借　方 | 勘定科目 | 貸　方 |
|---|---|---|
| 185,000 | 現金 | |
| 300,000 | 当座預金 | |
| 200,000 | 売掛金 | |
| 205,000 | 繰越商品 | |
| 300,000 | 備品 | |
| | 買掛金 | 230,000 |
| | 借入金 | 200,000 |
| | 貸倒引当金 | 6,000 |
| | 減価償却累計額 | 162,000 |
| | 資本金 | 500,000 |
| | 繰越利益剰余金 | 60,000 |
| | 売上 | 933,000 |
| 585,000 | 仕入 | |
| 150,000 | 給料 | |

| | | |
|---|---|---|
| 72,000 | 支払家賃 | |
| 6,800 | 通信費 | |
| 12,000 | 支払利息 | |
| | 雑益 | 5,000 |
| 4,000 | 貸倒引当金繰入 | |
| 54,000 | 減価償却費 | |
| 1,200 | 貯蔵品 | |
| 24,000 | 前払家賃 | |
| | 未払利息 | 3,000 |
| 2,099,000 | | 2,099,000 |

## 3．決算本手続き

決算本手続きでは，総勘定元帳の締切りを中心とした各帳簿の締切り手続きが行われる。この手続きは帳簿決算手続きとも呼ばれ，損益計算書，貸借対照表を作成するために当期の帳簿記録を確定し，帳簿の締切りを行うための重要な手続きである。

帳簿決算手続きには，英米式決算法と大陸式決算法がある。英米式決算法は，第4章で説明した方法であり，資産・負債・純資産（資本）の各勘定残高の繰越記入を元帳上で直接行う方法である。したがって，次期繰越額の正確性の検証のため繰越試算表が作成される。

一方，大陸式決算法は，資産・負債・純資産（資本）の各勘定残高の繰越手続きにおいて，残高勘定を新たに設け，そこへ各勘定残高を振り替える（「残高振替手続き」と呼ばれる）方法である。したがって，大陸式決算法では，次期繰越額の残高勘定への振替えも仕訳帳に記入されるため，元帳記入は仕訳帳から転記されるという原則に従った方法である。なお，本章では，英米式決算法をもとに解説する。

英米式決算法における決算本手続きでは，次の4つの手続きが行われる。

① 収益・費用の勘定の締切り

② 資産・負債・純資産（資本）の勘定の締切り

③　仕訳帳の締切り

④　繰越試算表の作成

## (1)　収益・費用の勘定の締切り

収益・費用の勘定の締切りにおいては，次の２つの手続きが行われる。

①　損益勘定を設け，収益・費用に属する勘定の残高を損益勘定に振り替え，締め切る。

②　損益勘定で算定される当期純利益（または純損失）を繰越利益剰余金勘定に振り替え，損益勘定を締め切る。

### ①　収益・費用の勘定の損益勘定への振替え・締切り

収益・費用の勘定の締切りにおいては，損益勘定を設け，ここにすべての収益・費用の勘定残高を振り替える。この振替えは**決算振替仕訳**（損益振替仕訳）と呼ばれる。

収益・費用の勘定残高の損益勘定への振替仕訳をまとめると次のようになる。

＜収益の勘定の振替仕訳＞

（借）収益の勘定　×××　　（貸）損　　　益　×××　　……（a）

＜費用の勘定の振替仕訳＞

（借）損　　　益　×××　　（貸）費用の勘定　×××　　……（b）

このように損益勘定に収益・費用の各勘定の残高が振り替えられると，損益勘定の貸借差額（残高）として当期純利益（または純損失）を計算することができる。損益勘定が貸方残高の場合，その残高は当期純利益となり，逆に，損益勘定が借方残高の場合，その残高は当期純損失となる。

以上のように決算振替仕訳を行い，各勘定への転記が終わると，収益・費用の各勘定の貸借の合計金額は一致した状態になるので，各勘定の借方・貸方の合計金額を記入し，その下に二重線（締切線）を引いて各勘定を締め切る。

### ②　当期純利益（または純損失）の繰越利益剰余金勘定への振替え

次に，損益勘定で算定された当期純利益（または純損失）を繰越利益剰余金勘定へ振り替える。損益勘定で当期純利益が算定された場合（貸方残高），それは純資産（資本）の増加を意味するため，損益勘定の貸方残高を繰越利益剰余金勘定の貸方へ振り替える。一方，損益勘定で当期純損失が算定された場合

（借方残高），それは純資産（資本）の減少を意味するため，損益勘定の借方残高を繰越利益剰余金勘定の借方へ振り替える。

損益勘定から繰越利益剰余金勘定への振替仕訳をまとめると次のようになる。

＜当期純利益を計上した場合＞

（借）損　　益　×××　　（貸）繰越利益剰余金　×××　　……（c）

＜当期純損失を計上した場合＞

（借）繰越利益剰余金　×××　　（貸）損　　益　×××

収益と費用の勘定の締切りに関する①と②の手続きをまとめて図示すると次のようになる。

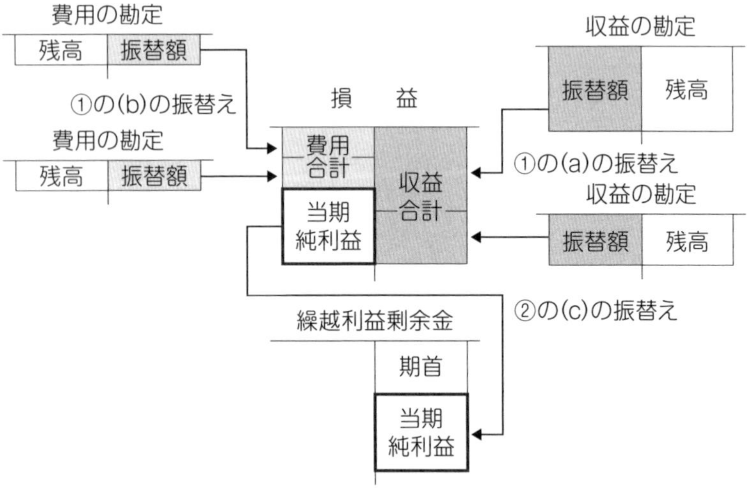


損益勘定から繰越利益剰余金勘定への振替仕訳を行い，各勘定への転記が終わると，損益勘定の貸借の合計金額は一致した状態になるので，借方・貸方の合計金額を記入し，その下に二重線（締切線）を引いて各勘定を締め切る。

## (2) 資産・負債・純資産（資本）の勘定の締切り

資産・負債・純資産（資本）の各勘定は，仕訳帳への記入をとおさず，総勘定元帳上で，直接締切りの手続きを行う。

締切りの方法は，各勘定の期末残高を，貸借合計額の少ない方へ「次期繰越」として記入し，貸借を平均させて締め切る。次に，決算日の翌日（次年度期首）の日付で，「次期繰越」を記入した反対側に「前期繰越」として同額を記入する。これは開始記入と呼ばれる。

## (3) 仕訳帳の締切り

総勘定元帳のすべての勘定口座を締め切った後，仕訳帳の締切りが行われる。仕訳帳は，前節の(2)で説明したように，決算の手続きに入る前に一度締め切られるが，その後，決算整理仕訳と決算振替仕訳が記入されるので，その貸借を合計して再度締切りを行う。

仕　訳　帳

| 令和○年 | | 摘　要 | 元丁 | 借　方 | 貸　方 |
|---|---|---|---|---|---|
| | | （期中取引の仕訳） | | | |
| | | | | ××× | ××× |
| | | 決　算　仕　訳 | | | |
| 12 | 31 | （貸倒引当金繰入） | × | ××× | |
| | | （貸 倒 引 当 金） | × | | ××× |
| | | 貸倒引当金の設定 | | | |
| | 〃 | （仕　　入） | × | ××× | |
| | | （繰 越 商 品） | × | | ××× |
| | | 期首商品棚卸高の振替え | | | |
| | 〃 | （繰 越 商 品） | × | ××× | |
| | | （仕　　入） | × | | ××× |
| | | 期末商品棚卸高の振替え | | | |
| | 〃 | （減 価 償 却 費） | × | ××× | |
| | | （減価償却累計額） | × | | ××× |

| | | | | |
|---|---|---|---|---|
| | 減価償却費の計上 | | | |
| 〃 | 諸　口　(損　益) | | | ××× |
| | (売　上) | × | ××× | |
| | (受取手数料) | × | ××× | |
| | 収益の諸勘定を損益勘定に振替え | | | |
| 〃 | (損　益)　諸　口 | | ××× | |
| | (仕　入) | × | | ××× |
| | (給　料) | × | | ××× |
| | (貸倒引当金繰入) | × | | ××× |
| | (減価償却費) | × | | ××× |
| | 費用の諸勘定を損益勘定に振替え | | | |
| 〃 | (損　益) | × | ××× | |
| | (繰越利益剰余金) | × | | ××× |
| | 当期純利益を繰越利益剰余金に振替え | | | |
| | | | ××× | ××× |

### (4) 繰越試算表の作成

資産・負債・純資産（資本）の各勘定は，仕訳帳への記入をとおさず勘定上で直接締切りを行うので，記入漏れや計算の誤りがあっても，仕訳帳によって繰越額の正確性を確認することはできない。そこで，資産・負債・純資産（資本）の各勘定については，締切り後に各勘定の次期繰越高を集めて繰越試算表を作成する。

**例題15- 2**

例題15- 1 に基づき，(1)決算振替仕訳を行い，損益勘定へ転記し締め切りなさい。(2)繰越利益剰余金勘定を締め切り，開始記入を行いなさい。(3)繰越試算表を作成しなさい。決算日は12月31日である。

## 解 答

(1) 決算振替仕訳と損益勘定への転記・締切り

| | | | | | |
|---|---|---|---|---|---|
| 12/31 | (借) 売上 | 933,000 | (貸) | 損益 | 938,000 |
| | 雑益 | 5,000 | | | |
| 12/31 | (借) 損益 | 883,800 | (貸) | 仕入 | 585,000 |
| | | | | 給料 | 150,000 |
| | | | | 支払家賃 | 72,000 |
| | | | | 通信費 | 6,800 |
| | | | | 支払利息 | 12,000 |
| | | | | 貸倒引当金繰入 | 4,000 |
| | | | | 減価償却費 | 54,000 |
| 12/31 | (借) 損益 | 54,200 | (貸) | 繰越利益剰余金 | 54,200 |

損　益

| | | | | | |
|---|---|---|---|---|---|
| 12/31 | 仕入 | 585,000 | 12/31 | 売上 | 933,000 |
| 〃 | 給料 | 150,000 | 〃 | 雑益 | 5,000 |
| 〃 | 支払家賃 | 72,000 | | | |
| 〃 | 通信費 | 6,800 | | | |
| 〃 | 支払利息 | 12,000 | | | |
| 〃 | 貸倒引当金繰入 | 4,000 | | | |
| 〃 | 減価償却費 | 54,000 | | | |
| 〃 | 繰越利益剰余金 | 54,200 | | | |
| | | 938,000 | | | 938,000 |

(2) 繰越利益剰余金勘定の締切り

繰越利益剰余金

| | | | | | |
|---|---|---|---|---|---|
| 12/31 | **次期繰越** | **114,200** | 1/1 | 前期繰越 | 60,000 |
| | | | 12/31 | 損益 | 54,200 |
| | | 114,200 | | | 114,200 |
| | | | 1/1 | 前期繰越 | 114,200 |

⑶ 繰越試算表

繰越試算表

令和×年12月31日

| 借方 | 勘定科目 | 貸方 |
|---|---|---|
| 185,000 | 現金 | |
| 300,000 | 当座預金 | |
| 200,000 | 売掛金 | |
| 205,000 | 繰越商品 | |
| 300,000 | 備品 | |
| | 買掛金 | 230,000 |
| | 借入金 | 200,000 |
| | 貸倒引当金 | 6,000 |
| | 減価償却累計額 | 162,000 |
| | 資本金 | 500,000 |
| | 繰越利益剰余金 | 114,200 |
| 1,200 | 貯蔵品 | |
| 24,000 | 前払家賃 | |
| | 未払利息 | 3,000 |
| 1,215,200 | | 1,215,200 |

**解　説**

⑴ 決算整理後のすべての収益・費用の勘定残高を損益勘定へ振り替える。そのうえで，損益勘定の勘定残高を繰越利益剰余金勘定へ振り替える。

⑵ 資産・負債・純資産（資本）の各勘定は，総勘定元帳上で，直接締切りの手続きを行う。

⑶ 資産・負債・純資産（資本）の各勘定は，仕訳帳への記入をとおさず，総勘定元帳上で，直接締切りの手続きを行うため，繰越額の正確性を確認する必要から，各勘定の次期繰越高を集めて繰越試算表を作成する。

## 4．財務諸表の作成

帳簿の締切りがすべて終わると，損益計算書と貸借対照表を作成する手続きに入る。損益計算書と貸借対照表は一定の形式に従って作成するものであるが，その形式には勘定式と報告式がある。

### (1)　勘定式と報告式

**勘定式**に基づく損益計算書と貸借対照表の形式は，すでに第4章で説明したとおりである。すなわち，損益計算書においては借方に費用，貸方に収益を記載し，貸借対照表においては借方に資産，貸方に負債と純資産（資本）を記載する。

一方，**報告式**に基づく損益計算書と貸借対照表の形式は，特定の分類基準に従って上から下に各項目を区分表示して記載するものである。すなわち，損益計算書においては収益から費用を控除し，各段階での利益が報告される。また，貸借対照表では，資産，負債，純資産（資本）の順に縦に並べて記載する。なお，本章では勘定式について解説する。

### (2)　勘定式による損益計算書と貸借対照表

#### ①　勘定式の損益計算書

勘定式による損益計算書の様式を示すと次のとおりである。なお，損益計算書においては，売上勘定は「**売上高**」，仕入勘定は「**売上原価**」という科目で表示する。

損　益　計　算　書

○○商店　　令和×年1月1日から令和×年12月31日まで　（単位：円）

| 費　　用 | 金　　額 | 収　　益 | 金　　額 |
|---|---|---|---|
| 売上原価 | ××× | 売上高 | ××× |
| 給料 | ××× | 受取利息 | ××× |
| 支払家賃 | ××× | | |
| 貸倒引当金繰入 | ××× | | |
| 減価償却費 | ××× | | |
| **当期純利益** | **×××** | | |
| | ××× | | ××× |

### ② 勘定式の貸借対照表

勘定式による貸借対照表の様式を示すと次のとおりである。なお，貸借対照表においては，繰越商品勘定は「**商品**」という科目で表示する。

貸借対照表

○○商店　　令和×年12月31日　　（単位：円）

| 資産 | 金額 | | 負債および純資産 | 金額 |
|---|---|---|---|---|
| 現金 | | ××× | 買掛金 | ××× |
| 当座預金 | | ××× | 借入金 | ××× |
| 売掛金 | ××× | | 未払費用 | ××× |
| 貸倒引当金 | ×× | ××× | 資本金 | ××× |
| 売買目的有価証券 | | ××× | 当期純利益 | ××× |
| 商品 | | ××× | | |
| 前払費用 | | ××× | | |
| 備品 | ××× | | | |
| 減価償却累計額 | ×× | ××× | | |
| | | ××× | | ××× |

貸借対照表の作成上，次の点に注意する必要がある。

- 貸倒引当金や減価償却累計額のような評価勘定は，その対象となる資産勘定から控除する形式で記載する。
- 収益・費用の前受け・前払いと未収・未払いに関する処理で用いられる前払家賃や未払利息のような経過勘定科目を貸借対照表に記載する際には，「前払費用」，「未収収益」，「未払費用」，「前受収益」の科目を用いてそれぞれの科目をまとめて表示する。

**例題15-3**

例題15-1と例題15-2に基づき，損益計算書と貸借対照表を作成しなさい。

## 解答

### 損益計算書

○○商店　令和×年1月1日から令和×年12月31日まで　(単位：円)

| 費用 | 金額 | 収益 | 金額 |
|---|---|---|---|
| 売上原価 | 585,000 | 売上高 | 933,000 |
| 給料 | 150,000 | 雑益 | 5,000 |
| 支払家賃 | 72,000 | | |
| 通信費 | 6,800 | | |
| 支払利息 | 12,000 | | |
| 貸倒引当金繰入 | 4,000 | | |
| 減価償却費 | 54,000 | | |
| **当期純利益** | **54,200** | | |
| | 938,000 | | 938,000 |

### 貸借対照表

○○商店　令和×年12月31日　(単位：円)

| 資産 | 金額 | | 負債および純資産 | 金額 |
|---|---|---|---|---|
| 現金 | | 185,000 | 買掛金 | 230,000 |
| 当座預金 | | 300,000 | 借入金 | 200,000 |
| 売掛金 | 200,000 | | 未払費用 | 3,000 |
| 貸倒引当金 | 6,000 | 194,000 | 資本金 | 500,000 |
| 商品 | | 205,000 | 繰越利益剰余金 | 114,200 |
| 貯蔵品 | | 1,200 | | |
| 前払費用 | | 24,000 | | |
| 備品 | 300,000 | | | |
| 減価償却累計額 | 162,000 | 138,000 | | |
| | | 1,047,200 | | 1,047,200 |

## 解　説

損益計算書は，企業の一会計期間の経営成績を当期純利益（または当期純損失）として示すものであるが，その損益がどういう原因で生じたのかも同時に表している。

貸借対照表は，企業の一定時点（決算日）における財政状態を表すものである。貸倒引当金と減価償却累計額は評価勘定であるため，それぞれ売掛金と備品勘定から控除する形で表示する。

# 第16章

# 精 算 表

学習のポイント

① 精算表の意義と種類について学ぶ。
② 決算整理の手続きを記入するための整理記入欄が設けられた8桁精算表の作成方法を学ぶ。

## 1．精算表の意義と種類

決算は，試算表の作成に始まって損益計算書と貸借対照表の作成で終わるが，本決算の手続きに入る前に，決算の概略を把握するため，決算の過程を1つの表にまとめて示したのが精算表である。

精算表には，第4章で学習した6桁精算表のほかに，8桁精算表や10桁精算表などがある。

### (1) 6桁精算表（6欄精算表）

6桁精算表は，第4章で学習したように，残高試算表・損益計算書・貸借対照表の3つから構成され，それぞれ借方・貸方の金額欄があるため記入する金額欄が全部で6欄となるものである。

精　　算　　表
令和×年12月31日

| 勘定科目 | 残高試算表 | | 損益計算書 | | 貸借対照表 | |
|---|---|---|---|---|---|---|
| | 借　方 | 貸　方 | 借　方 | 貸　方 | 借　方 | 貸　方 |
| | | | | | | |
| | | | | | | |

### ⑵　8桁精算表（8欄精算表）

8桁精算表は，残高試算表・整理記入・損益計算書・貸借対照表の4つから構成され，それぞれ借方・貸方の金額欄があるため記入する金額欄が全部で8欄となるものである。前章で学習したように，本決算の手続きに先立って，期中の取引の結果を示す勘定残高に修正が必要なものについて，決算整理と呼ばれる手続きが行われる。8桁精算表では，この決算整理の手続きを記入するための整理記入欄が設けられており，残高試算表の金額にこの整理記入欄の金額を反映させたうえで，損益計算書欄と貸借対照表欄へ記入するものである。本章では，この8桁精算表の作成方法について解説する。

精　　算　　表
令和×年12月31日

| 勘定科目 | 残高試算表 | | 整理記入 | | 損益計算書 | | 貸借対照表 | |
|---|---|---|---|---|---|---|---|---|
| | 借　方 | 貸　方 | 借　方 | 貸　方 | 借　方 | 貸　方 | 借　方 | 貸　方 |
| | | | | | | | | |
| | | | | | | | | |

### ⑶　10桁精算表（10欄精算表）

10桁精算表は，整理前試算表（残高試算表）・整理記入・整理後試算表・損益計算書・貸借対照表の5つから構成され，それぞれ借方・貸方の金額欄があるため記入する金額欄が全部で10欄となるものである。10桁精算表では，整理前試算表（残高試算表）の金額に整理記入欄の金額を反映させた金額を記入する整理後試算表欄が設けられており，決算整理後の金額を精算表の上で確認できるようになっている。そして，この整理後試算表欄の金額を損益計算書欄と貸借対照表欄へ書き写すことで精算表が作成される。

精　　算　　表
令和×年12月31日

| 勘定科目 | 整理前試算表 | | 整理記入 | | 整理後試算表 | | 損益計算書 | | 貸借対照表 | |
|---|---|---|---|---|---|---|---|---|---|---|
| | 借方 | 貸方 | 借方 | 貸方 | 借方 | 貸方 | 借方 | 貸方 | 借方 | 貸方 |
| | | | | | | | | | | |
| | | | | | | | | | | |

## 2. 8桁精算表の作成手続き

8桁精算表は，以下の手順で作成する。

① 精算表の「勘定科目」欄に残高試算表の勘定科目を記入し，「残高試算表」欄に残高試算表の金額を記入する。「残高試算表」欄の貸借の合計金額が一致するのを確認し，締め切る。

② 決算整理事項に基づく決算整理仕訳を「整理記入」欄に記入する。このとき，①で「勘定科目」欄に記入した残高試算表の勘定科目にはない新しい勘定科目が出てきたら，「勘定科目」欄にその勘定科目を追加し，金額を記入する。「整理記入」欄の貸借の合計金額が一致するのを確認し，締め切る。

③「勘定科目」欄の各勘定科目について，「残高試算表」欄の金額と「整理記入」欄の金額が貸借同じ側（借方と借方あるいは貸方と貸方）にあるときは加算し，反対側（借方と貸方あるいは貸方と借方）にあるときは減算する。そのうえで，収益・費用に属する科目の金額は「損益計算書」欄に，資産・負債・純資産（資本）に属する科目の金額は「貸借対照表」欄に記入する。

④「損益計算書」欄の借方と貸方の差額を計算し，その差額を合計金額の少ない方の欄に記入する。差額を借方に記入する場合，その貸借差額は当

期純利益を表しているので,「勘定科目」欄に当期純利益と記入する。また,貸方に記入する場合,その貸借差額は当期純損失を表しているので,「勘定科目」欄に当期純損失と記入する。

⑤ 「貸借対照表」欄の借方と貸方の差額を計算し,その差額を合計金額の少ない方の欄に記入する。差額を貸方に記入する場合,その貸借差額は当期純利益を表しているので,「勘定科目」欄に当期純利益と記入する。また,借方に記入する場合,その貸借差額は当期純損失を表しているので,「勘定科目」欄に当期純損失と記入する。

⑥ 「損益計算書」欄と「貸借対照表」欄のそれぞれの貸借の合計金額が一致するのを確認し,締め切る。

精算表への記入方法を図示すると次のようにまとめられる。

精　算　表

令和×年12月31日

| 勘定科目 | 残高試算表 | | 整理記入 | | 損益計算書 | | 貸借対照表 | |
|---|---|---|---|---|---|---|---|---|
| | 借方 | 貸方 | 借方 | 貸方 | 借方 | 貸方 | 借方 | 貸方 |
| 資産の勘定 | ××× | → | (+)×× | → | → | → | ××× | |
| | ××× | → | → | (−)×× | → | → | ××× | |
| 負債の勘定 | | ×××→ | (−)×× | → | → | → | → | ××× |
| | | ××× | → | (+)×× | → | → | → | ××× |
| 純資産(資本)の勘定 | | ×××→ | (−)×× | → | → | → | → | ××× |
| | | ××× | → | (+)×× | → | → | → | ××× |
| 収益の勘定 | | ×××→ | (−)×× | → | → | ××× | | |
| | | ××× | → | (+)×× | → | ××× | | |
| 費用の勘定 | ××× | → | (+)×× | → | ××× | | | |
| | ××× | → | → | (−)××→ | ××× | | | |
| | ××× | ××× | | | | | | |
| 追加の勘定(資産) | | | ××× | → | → | → | ××× | |
| 追加の勘定(負債) | | | | ××× | → | → | → | ××× |
| 追加の勘定(収益) | | | | ××× | → | ××× | | |

| | | | | | | | | |
|---|---|---|---|---|---|---|---|---|
| 追加の勘定(費用) | | | ××× → | | ××× | | | |
| **当期純利益** | | | | | **×××** ←金額が一致→ | | | ××× |
| | | | ××× | ××× | ××× | ××× | ××× | ××× |

## 例題16-1

次の総勘定元帳の勘定残高と決算整理事項に基づき，８桁精算表を作成しなさい（決算日：12月31日）。

総勘定元帳の勘定残高

| | | | | | |
|---|---|---|---|---|---|
| 現　　金 | ￥330,000 | 当座預金 | ￥160,000 | 売 掛 金 | ￥180,000 |
| 繰越商品 | ￥105,000 | 備　　品 | ￥200,000 | 買 掛 金 | ￥100,000 |
| 借 入 金 | ￥300,000 | 貸倒引当金 | ￥2,000 | 減価償却累計額 | ￥60,000 |
| 資 本 金 | ￥400,000 | 繰越利益剰余金 | ￥60,000 | 売　　上 | ￥840,000 |
| 受取手数料 | ￥60,000 | 仕　　入 | ￥527,000 | 給　　料 | ￥96,000 |
| 支払家賃 | ￥204,000 | 支払利息 | ￥20,000 | | |

決算整理事項

① 期末商品棚卸高は，￥112,000であった。売上原価は「仕入」の行で計算すること。

② 売掛金の期末残高に対して，３％の貸倒れを見積もる（差額補充法）。

③ 備品について，￥30,000の減価償却費を計上する。

④ 受取手数料の前受分が，￥12,000あった。

⑤ 支払家賃の前払分が，￥60,000あった。

⑥ 支払利息の未払分が，￥4,000あった。

解　答

精　算　表

令和×年12月31日

| 勘定科目 | 残高試算表 | | 整理記入 | | 損益計算書 | | 貸借対照表 | |
|---|---|---|---|---|---|---|---|---|
| | 借　方 | 貸　方 | 借　方 | 貸　方 | 借　方 | 貸　方 | 借　方 | 貸　方 |
| 現　　　金 | 330,000 | | | | | | 330,000 | |
| 当座預金 | 160,000 | | | | | | 160,000 | |
| 売　掛　金 | 180,000 | | | | | | 180,000 | |
| 繰越商品 | 105,000 | | 112,000 | 105,000 | | | 112,000 | |
| 備　　　品 | 200,000 | | | | | | 200,000 | |
| 買　掛　金 | | 100,000 | | | | | | 100,000 |
| 借　入　金 | | 300,000 | | | | | | 300,000 |
| 貸倒引当金 | | 2,000 | | 3,400 | | | | 5,400 |
| 減価償却累計額 | | 60,000 | | 30,000 | | | | 90,000 |
| 資　本　金 | | 400,000 | | | | | | 400,000 |
| 繰越利益剰余金 | | 60,000 | | | | | | 60,000 |
| 売　　　上 | | 840,000 | | | | 840,000 | | |
| 受取手数料 | | 60,000 | 12,000 | | | 48,000 | | |
| 仕　　　入 | 527,000 | | 105,000 | 112,000 | 520,000 | | | |
| 給　　　料 | 96,000 | | | | 96,000 | | | |
| 支払家賃 | 204,000 | | | 60,000 | 144,000 | | | |
| 支払利息 | 20,000 | | 4,000 | | 24,000 | | | |
| | 1,822,000 | 1,822,000 | | | | | | |
| 貸倒引当金繰入 | | | 3,400 | | 3,400 | | | |
| 減価償却費 | | | 30,000 | | 30,000 | | | |
| 前受手数料 | | | | 12,000 | | | | 12,000 |
| 前払家賃 | | | 60,000 | | | | 60,000 | |
| 未払利息 | | | | 4,000 | | | | 4,000 |
| **当期純利益** | | | | | **70,600** | | | 70,600 |
| 合　　計 | | | 326,400 | 326,400 | 888,000 | 888,000 | 1,042,000 | 1,042,000 |

## 解 説

⑴ 総勘定元帳の勘定科目を精算表の「勘定科目」欄へ，勘定残高を「残高試算表」欄に記入し，「残高試算表」欄の貸借の合計金額が一致するのを確認し，締め切る。

⑵ 決算整理事項に基づく決算整理仕訳を「整理記入」欄に記入し，「残高試算表」欄の金額と加減したうえで，収益・費用の勘定は「損益計算書」欄へ，資産・負債・純資産（資本）の勘定は「貸借対照表」欄へ記入する。

なお，決算整理事項の仕訳は次のようになる。

① 売上原価の算定

売上原価は「仕入」の行で（「仕入」勘定を用いて）行われるため，次のような仕訳になる。

| | | | |
|---|---|---|---|
| （借）仕　　　入 | 105,000 | （貸）繰 越 商 品 | 105,000 |
| （借）繰 越 商 品 | 112,000 | （貸）仕　　　入 | 112,000 |

② 貸倒引当金の設定

差額補充法のもとでの貸倒引当金繰入額は，￥180,000×３％－￥2,000＝￥3,400となる。

| | | | |
|---|---|---|---|
| （借）貸倒引当金繰入 | 3,400 | （貸）貸 倒 引 当 金 | 3,400 |

③ 減価償却費の計上

総勘定元帳の勘定に減価償却累計額勘定があるため，減価償却費の記帳は間接法で行われていることがわかる。

| | | | |
|---|---|---|---|
| （借）減 価 償 却 費 | 30,000 | （貸）減価償却累計額 | 30,000 |

④ 前受手数料の計上

前受けした手数料￥12,000を次期の収益とするため，前受手数料勘定（負債の勘定）を用いて計上する。

| | | | |
|---|---|---|---|
| （借）受 取 手 数 料 | 12,000 | （貸）前 受 手 数 料 | 12,000 |

⑤ 前払家賃の計上

前払いした家賃￥60,000を次期の費用とするため，前払家賃勘定（資産の勘定）を用いて計上する。

| | | | |
|---|---|---|---|
| （借）前 払 家 賃 | 60,000 | （貸）支 払 家 賃 | 60,000 |

⑥ 未払利息の計上

利息の未払額を今期の費用とするため，未払利息勘定（負債の勘定）を用いて計上する。

| | | | |
|---|---|---|---|
| （借）支 払 利 息 | 4,000 | （貸）未 払 利 息 | 4,000 |

⑶ 「損益計算書」欄の借方と貸方の差額を計算し，その差額を当期純利益または

当期純損失として合計金額の少ない方の欄に記入する。同様に，「貸借対照表」欄の借方と貸方の差額を計算し，その差額を当期純利益または当期純損失として合計金額の少ない方の欄に記入する。

(4) 「損益計算書」欄と「貸借対照表」欄のそれぞれの貸借の合計金額が一致するのを確認し，締め切る。

# 索　　引

【著者略歴】

鈴木 基史（すずき もとふみ） 第1～4章，第5章1～2・5～6，第6章，第7章1～2

1959年生まれ
1990年3月 明治大学大学院経営学研究科博士後期課程単位取得退学
1990年4月 富山大学経済学部専任講師
1992年4月 富山大学経済学部助教授
2007年4月 富山大学経済学部准教授
2009年7月 富山大学経済学部教授
2015年4月 富山大学理事・副学長（2019年3月まで）
2019年10月 富山大学学術研究部社会科学系教授
2020年4月 武庫川女子大学経営学部教授

森口 毅彦（もりぐち たけひこ） 第8章1～5，第9章1～4，第10章，第13章，第14章1～3，第15～16章

1967年生まれ
1997年3月 東北大学大学院経済学研究科博士後期課程中退
1997年4月 富山大学経済学部助手
1998年4月 富山大学経済学部専任講師
2000年4月 富山大学経済学部助教授
2007年4月 富山大学経済学部准教授
2011年10月 富山大学経済学部教授
2019年10月 富山大学学術研究部社会科学系教授

廣橋 祥（ひろはし しょう） 第5章3～4，第7章3，第8章6～7，第9章5，第11～12章，第14章4

1981年生まれ
2010年9月 国際医療福祉大学医療福祉学部助教
2011年3月 明治大学大学院経営学研究科博士後期課程単位取得
2013年4月 富山大学経済学部専任講師
2015年4月 富山大学経済学部准教授
2019年10月 富山大学学術研究部社会科学系准教授

入門現代簿記〈第2版〉

2012年12月20日　第1版第1刷発行
2016年9月15日　第1版第4刷発行
2020年10月1日　第2版第1刷発行

著　者　鈴木基史
　　　　森口毅彦
　　　　廣橋祥

発行者　山本継
発行所　㈱中央経済社
発売元　㈱中央経済グループパブリッシング

〒101-0051　東京都千代田区神田神保町1-31-2
電話　03(3293)3371(編集代表)
　　　03(3293)3381(営業代表)
http://www.chuokeizai.co.jp/
印刷／東光整版印刷㈱
製本／㈲井上製本所





ISBN978-4-502-36421-1 C3034